明治維新で変わらなかった日本の核心

猪瀬直樹／磯田道史
Inose Naoki / Isoda Michifumi

PHP新書

はじめに——連綿と深層を流れてきた「核心」がいまも色濃く影響を及ぼしている

猪瀬直樹

国家とは何か、という問いは戦後の長い間、語られることがありませんでした。この国がどういう国なのか、世界のなかでどんな役割を期待されているのか、どういう国にしたらよいのか、と問うことが忘れられていたのです。

いっぽうで官僚制についてはしばしば批判的に語られてきました。日本は官僚国家である、役人優位の国家である、などといわれてきたのが一面では的を射ているように思われたのは、そういえばわかりやすい面が実際にあるからです。しかし、杓子定規なほどにきちんと仕事をすることもまた日本人の特性であり、悪い面ばかりではありません。その辺はなにも役所の特質ではなく日本の大きな企業でも同じようなかたちで存在しています。

日本が現在の国家、つまり近代的な法治国家、国民国家としての体裁を整えたのは明治時代になってからでした。そこで日本は一度、大きく変わりました。

戦後、憲法が変わり天皇主権から国民主権の新しい体制になり、さらにもう一度、大きく変わりました。

一五〇年前と七十余年前と、二度、日本は変わりました。

しかし戦前と戦後は断絶よりも、近代国家であるかぎりは連続性のほうが大きいと僕は考えています。

日本は明治維新で近代化を果たし、それまでとは一変したと一般的には思われています。しかし、よくよく見ていくと、どうもその見方は表層的なものにも思えてくる。むしろ、江戸時代以前、というよりは古代から連綿と深層を流れてきた「核心」ともいうべき組織原理や権威構造、行動原理などがいまも色濃く影響を及ぼしているのではないか。

戦前と戦後にある断絶と連続だけでなく、近代以前と近代以後との断絶と連続についても考えてみたほうが、自分たちの自画像に近づけるのではないかと思います。

日本は欧米以外で初めて近代国家をつくりましたが、どの国もそれぞれの伝統やそれに基づいた特色を持ちます。あらためて日本とは、日本的な国家とは、と考察してみたいと思います。いわば漠然としている自画像に、きっちりとした輪郭の線を描くようにスケッチしてみたい。

前提として、以下のようなことが考えられます。そもそも万世一系の天皇家と古代官僚制は不可分のものであったと思われます。近代の官僚制度が欧米列強の多大な影響下で急いで整えられたように、律令制《りつりょうせい》と呼ばれた日本の古代官僚制も、当時の先進国であった大陸からの影響を受けた間に合わせの日本仕様のようなものです。

古代律令制においては、精緻《せいち》な官僚機構が整っていたとはいえないが、いちおう中央集権制ではあった。大陸では専制王朝により科挙《かきょ》などの試験を通して官僚を養成していたし、異民族の侵入に対して万里の長城などの築城と国防のための常備軍を維持しなければならなかった。いっぽう島国の日本では、朝鮮半島への軍事的な進出も過去のものとなった奈良時代の終わり頃には軍事組織は必要なくなり、朝廷を警護する治安警察としての検非違使《けびいし》がいるぐらいでしかなかった。だから国防という概念もなく、民族意識というものも存在していない。

僕はいまの日本、戦後の日本をしばしば「ディズニーランド」にたとえるのですが、それは防衛・国家の安全保障をアメリカ任せにしているためであり、敗戦の経験から何も考えないほうが精神衛生的によいことになったからと見ています。知っていて知らないふりをしているうちに忘れてしまったのは、むしろ日本の伝統に即していたからではないかと訝《いぶか》ってしまうのです。

そもそも異民族に侵略される対外的な危機感がない、そういう世界はある意味では（蒙古の襲来を除けば）この国に住む者の一貫した意識状態であり、むしろ黒船来航から第二次世界大戦までの期間が例外であったとさえ考えられます。

そういう平和な時代が最も長く続いたのは、長い内戦状態の殺しあいの後に成立した江戸時代だったと思います。大和朝廷の律令時代から中世へと歴史は移行し、武士の時代になると天皇という権威と武家による武威の二重構造になり、それは鎌倉幕府、室町幕府、戦国時代を経て、江戸幕府の時代へと続きます。

そのなかで江戸時代は独特の市場経済社会へと成長していきます。資本主義社会が明治時代からという常識はさまざまな事実から覆《くつがえ》されつつあります。

日本は近代国家ですが、近代以前の世界がどのような意味を持つものだったのか。官僚組織をはじめ、日本の組織のあり方の根源は、本来、どのようなものなのか。そこから何か解決策は見出せないものか。本書では、そのようなテーマで、僕が最も注目している歴史家・磯田道史さんと一緒に考えていきたいと思います。

明治維新で変わらなかった日本の核心

目次

第二章　「新しい公」の再編成
――鎌倉、室町、戦国のダイナミズム

第三章　江戸武家社会の組織と個人
――サラリーマン根性の始まり

第四章　二六〇年の泰平を維持した社会システム
――「転封」や「ジャンケン国家」の智恵

第五章　江戸に花咲いた近代的経済

――進んだ経済政策と百姓たちの企業家精神

第一章

日本の組織原理と権威構造の源泉

——古代をたずねる

江戸幕府は吉良家を切り捨てたかった？

猪瀬　「忠臣蔵」はお芝居ですが、史実としては「赤穂事件」と呼ばれます。
元禄十四年（一七〇一）三月、江戸城松之大廊下で、「高家《こうけ》」の吉良《きら》上野介《こうずけのすけ》義央《よしなか》に播州赤穂藩藩主で朝廷の使者である勅使の接待役であった浅野内匠頭《たくみのかみ》長矩《ながのり》が斬りつけたとして、切腹を命じられる。翌元禄十五年十二月十四日、家臣の大石内蔵助《くらのすけ》以下四十七士が吉良邸に討ち入り、主君の仇をとるというよく知られた事件です。いまならテロと呼ばれますね。

　この有名な出来事については、無数の本が出ているし解釈もさまざまにあり、いまさら説明も要らないのですが、たまたま国土交通省の河川局長だった竹村公太郎さんが書かれた『土地の文明』（ＰＨＰ研究所、文庫改訂版は『日本史の謎は「地形」で解ける』）を以前に読んで、河川局長ならではの視点で興味深い指摘があったので、そこから入ろうかと思います。

　室町時代から戦国の世を経て、江戸時代に辿《たど》り着くのですが、中世には公家と武家が棲《す》み分けをし、大名が「官位」を金銭で購入し、それによって天皇や公家が収入を得る、という時代がありました。詳細は後に触れたいと思いますが、武家は軍事的な実力だけでなく、権力の正統性を「官位」で飾る必要があったのです。

江戸時代には天皇家や公家の役割がまた変わってきます。武家に対して公家は「こうけ」とも呼ばれた。別に「高家」と呼ばれる家柄がありました。赤穂浪士の標的であった吉良上野介は「高家」と呼ばれていましたね。竹村公太郎さんは、吉良上野介が赤穂浪士の討ち入りで殺されたのは、高家である吉良を邪魔だと思った徳川家による陰謀もあるのではないか、という仮説を唱えているのです。

この仮説は、本当かな、と疑問もあるのですが、なるほど、と思わせるところもあって、いわゆるトンデモ本とは違います。

竹村さんは、まず江戸城の正門は半蔵門だと主張します。ふつう二重橋や大手門を正面の入口と考え、半蔵門は江戸城の裏門だと思われている。東海道、中山道、奥州道、日光街道は江戸城に直結しないで市中に入るが、甲州街道（新宿通り）だけは半蔵門に行き着く。江戸時代の絵地図を見ると江戸城を示す「御城」という文字が、半蔵門の方向から見てきちんと読めるように必ず書いてある。浮世絵にも、江戸城のほかの門はお濠《ほり》を橋で渡るが、半蔵門だけは当初から土手を渡るようになっていたのは、正門である証だろう。半蔵門につながる甲州街道の周辺に徳川御三家や親藩の上屋敷を配置し、数多くの旗本を住まわせていたのは、半蔵門が正門であり、そこをきちんと防御できる態勢を整えるためだ――。

半蔵門が正門であることは、竹村さんの指摘を待つまでもなく、じつは江戸城の成り立ちからして当然ですが、たしかにあまり知られていません。丸の内側は、太田道灌《どうかん》が築城した際には海辺だったからです。現在も、皇室の正式行事の際には天皇陛下や皇太子殿下は、半蔵門から出入りされています。

竹村さんが大いに疑問を抱かれたのは、その先です。半蔵門から甲州街道へ出ると、紀伊家、尾張家、井伊家の上屋敷があった場所なのでその頭文字をとって、いまは紀尾井町と呼ばれるエリアがあります。竹村さんによると、なんと総勢一六名の赤穂浪士、四十七士の三分の一がこの紀尾井町や麴町の界隈《かいわい》に潜伏していたというのです。つまり、江戸城から歩いて五分や十分もかからない重要拠点に、浪士が潜伏していた。それは、おかしくないか。警護が固く見つかりやすい場所に浪士たちが大勢いたのに、なぜ問題にならなかったのか。

そういう疑問があってもおかしくない。さらに吉良上野介の屋敷を、江戸城にごく近い八重洲の江戸城郭内から、隅田川の東側の本所、つまり倉庫街のようなところに移転させている。江戸城からより離れた場所に移され、しかも倉庫街だから人通りも少なく見張る者もいない。これは幕府が赤穂浪士に、吉良を討ち取らせたかったからではないかと、竹村さんの仮説はどんどん進んでいく。

磯田　一般には、郊外に移されるのは、もう幕府の覚えがめでたくなくなったときですよね。江戸時代の武士の世界は、お城の大手門や本丸から離れれば離れるほどダメなのです。遠くへ追いやるのは嫌がらせで、逆に可愛がられると大手門の前にいい屋敷がもらえる。

やはり吉良上野介が、浅野内匠頭に江戸城内で斬りつけられるという刃傷《にんじょう》ざたに関わったことが、原因をつくったということでしょうか。吉良上野介は幕府の儀式や典礼を司《つかさど》る「高家」の筆頭でしたが、もう歳だし、不祥事はあったし、他の高家の人で代用できるということかもしれませんね。高家という役職自体はもちろん幕末まで続きますが、筆頭に就くのは吉良でなくてもいい。

猪瀬　竹村さんは、「高家」という視点から仮説を唱えている。家康は一六〇三年に征夷大将軍になった後、二年後の一六〇五年には早くも息子の秀忠を二代目の征夷大将軍にしています。これにより「江戸幕府は世襲制である」という既成事実をつくりたかった。このとき朝廷と徳川家の仲介役を務めたのが、吉良家でした。

吉良家は高家として、征夷大将軍の引き継ぎを朝廷に願い出る役目を担った。このことを徳川幕府はずっと負い目に思っていて、どこかで吉良家を切り捨てたかったのだろうと、竹村さんは見立てています。

江戸時代の「高家」はどのような存在だったのか

猪瀬　ここまでは竹村さんでなくても赤穂事件に詳しい人なら知っていますが、河川局長として次のポイントに気づいたところが味噌です。

吉良の領地は三河《みかわ》にあるのですが、これは徳川家康のもともとの領地と隣り合わせです。じつは家康は、一六〇五年に矢作《やはぎ》川の付け替え工事を行ない、吉良の領地に水が流れないようにしている。吉良の領地に流れ込んでいた矢作川を、自分の領内に流れるように改修工事を施したのです。

吉良家は矢作川をうまく利用していました。すなわち矢作川の土砂が干潟を形成すると、その浜を塩田として利用し、さらに塩田を干拓して農地を広げていたのです。しかし、家康が矢作川を付け替えたことによって吉良家の領地を流れる矢作川は、矢作古川と呼ばれる細い川になり河口部の土地は増えなくなった。その後、干拓で土地が広がっていったのは家康の領地です。

家康は近隣に領地を持っていた源氏の名門・吉良家に屈折した感情を持っていた。しかし、吉良家に仲介してもらって朝廷へ働きかけ、秀忠への世襲を成し遂げた段階で、ついに吉良を冷遇できるタイミングがやってきた。それで矢作川の付け替え工事を始めたのではないか――竹村さんは矢作川の研究会に参加して河口部の古地図を見たときにこの説が閃《ひらめ》いたそうです。

戦国期の大名はお金で官職を手に入れて、「格」や「分」を上げることができた。このような下克上は、きちんと立てるべきところを立て、筋を通し、しっかりと対価を用意すれば、達成できた。このとき、天皇や朝廷と武士の間を仲介する役割を担ったのが「公家」であり「高家」だったわけです。「高家」は、いくつぐらいあったのですか。

磯田　小さいものも入れたら全部で二〇を超えますね。なかでも吉良氏は高家筆頭といわれていました。なにしろ室町幕府を開いた足利氏の一門ですからね。高家は官位も高く、吉良上野介は従四位上左近衛権少将になっています。さらに吉良家は石高もそこそこもらっていて、四二〇〇石です。家禄を四二〇〇石も持っている高家は、なかなかいません。高家は、小さいところは五〇〇石程度ですから。

猪瀬　たしかに、家柄が良いところは小さな家が多いですね。竹村さんの吉良排除陰謀説は、がぜん信憑性《しんぴょうせい》を帯びてくる。家康が秀忠を跡継ぎにした頃ならともかく、赤穂浪士の討ち入りの頃には、征夷大将軍の世襲も安泰だった。もう高家に頼まなくても、将軍の代替わりは形式としてやっておけばよい。高家など利用価値が薄い。

ただ竹村説には難点があります。浅野内匠頭の刃傷事件は元禄十四年（一七〇一年）三月でした。吉良上野介の屋敷が本所へ移されたのは半年後の元禄十四年九月です。堀部安兵衛など江戸定詰《じょうづ》めだった者は、当初から吉良邸討ち入りを主張していたが、家老の大石内蔵助は、まだ内匠頭の弟の浅野大学が家督を継ぐことで赤穂浅野家の再興を目指していました。山本博文著『「忠臣蔵」の決算書』（新潮新書）によると、幕府から閉門を命じられていた浅野大学が本家筋の芸州広島藩浅野綱長へお預けになると決まったのは翌年の元禄十五年七月で、ようやくこのときに内蔵助が御家再興の見込みなし、討ち入り止むなしと判断したと考えられるとしています。

七月に討ち入りを決意し、それから十一月までに同志が江戸へ集結、十二月十四日に討ち入りとなります。したがって吉良邸を本所に移させた時期は、内蔵助の決意より一年近く早い。内蔵助が討ち入りでなく、御家再興を目指していた頃なので、本所への屋敷替えが即、討ち入りをしやすくするため、とするのはやや無理がある。

そうではあるけれど、屋敷替えは吉良への幕府の悪感情の表われであることに変わりなく、「高家」の役割の低下という意味で竹村説は新しい視点を提供してくれています。

磯田　四代家綱の時代になると、徳川幕府は天皇の権威を借りなくても、自律的に動けるようになっています。それでも、なぜ天皇の権威に頼ったのか。

これに関して、私が気になっている話があります。家康が天下人となった幕初の頃、勢いをかって、徳川家のなかで、「なぜ天皇を徳川幕府は必要とするのか」という議論になったことがあった。なかには家康の側近・天海のように、「『メイド・イン・徳川』の官位をつくれば、天皇は必要ない。伊勢神宮の神主にして押し込めてしまえ。そうすれば天皇をおかしなことに利用される危険もなくなる」という意見も出ます。

これに対し、伊勢の藤堂高虎が、いやそれではいけない。やはり「天朝（天皇）の御羽翼《ごうよく》（補佐）となってこそ、諸大名も屈服し、万民も将軍を仰ぐ」といって諫《いさ》めたといいます。この話は江戸後期の藤堂藩の史料に出てくるので、真偽ははっきりしませんが、ありえることです。

家康は天皇と武士について、「天皇は金で、武士は鉄である」と考えていたふしがある。鉄は便利なもので、強くて物を砕いたり切ったりできる。だが、鉄だけでやっていけるかというと、そうではない。いっぽう天皇は金である。金はふにゃふにゃしていて何の役にも立たない。だからといって鉄を敬う奴はいない。役に立たないのに金をみんな敬う。だから鉄と金の両方を使うことができなければ、長期政権は築けない。自分が金になってはダメで、鉄に金メッキをしたものがいちばん強い。家康が、そういったという伝説も史料に残されています。伝承的な話ですから、これが本当に家康の言葉なのかはわかりませんが、このような会話が幕府内でされていたことはあったのかもしれません。この話は、朝廷と幕府の関係を、よく描いていると思います。

今日まで天皇制が続いているのも、同じ理由です。叙勲のような制度が残っているのは、やはり鉄と金の相互依存の関係があって、それは中世頃からできている。

日本の国家システムの根幹としての「官司請負制」

猪瀬　戦国時代には、戦国大名がお金を渡して官位を望み、天皇はそれを収入源としていた。でも江戸時代になると、武士に与える「守《かみ》」などの官位は、みんな徳川幕府が決めるようになった。考えてみれば、赤穂浅野の肩書きに「内匠頭」とあるのも、そもそもこんなものは実体がない。なにしろ「内匠頭」というのは、律令制の時代の内匠寮、天皇家の調度品や儀式用具などを製作する部署の長官の呼称なのですから。

吉良上野介にしても、「上野介」とは、「常陸《ひたち》国」「上総《かずさ》国」「上野《こうずけ》国」は平安時代に親王任国と呼ばれ、親王が国司筆頭官の国守だが名目だけで赴任はせず、代わりに国介（次官）が実質的な国司であった。そういう家柄を誇っていたのです。

征夷大将軍をはじめ、律令時代の官位がずっと、実体をなくしても権威づけだけのために使われているのは、不思議ですね。

そもそも異民族に侵略される対外的な危機感がない日本の古代律令制は、畿内を中心にした大和王権の一元的な支配はあったもののあまり緊張感があったとは思えない。そこでつくられた官職が残った意味を磯田さんはどのように見ておられますか。

磯田　そのことを考えるとき、一つ大きなヒントになるのは、「官司請負制」といわれるものではないでしょうか。日本の古代官僚制度でも、律令に基づいてさまざまな官職が定められていました。これは、当時の中国の官制がベースになったものです。しかし日本ではすぐに、実際の政治はそれとは違う組織原理で動いていくようになります。

「官司請負制」はその象徴的なものです。日本の国家システムはある種の「家元制度」と考えると、すべて理解できるのです。

官司請負制というのは、日本法制史の学術用語で、特定の家が、ある技能や職務について「家業」「家職」のように請け負う仕組みのことです。それぞれの家が天皇から「お前の家は医療」「お前の家は天文」「お前の家はこの学問」「お前の家は軍事・防衛」などと、特定の仕事を委任されている。たとえば源氏は「日本中の武士の棟梁《とうりよう》で将軍」という役割を朝廷から与えられている。すると、周りの武士たちも、天皇から与えられた権威になびき、半ば自動的に、源氏の家に対して自らが持つ軍事力を提供するようになる。いわば、防衛省を丸ごと、清和源氏の源頼朝の家に請け負わせる制度です。実は、将軍家・幕府は、この官司請負制に根ざしているのです。

あるいは、「お前の家は医療」ということになれば、医療の権威として日本の医療を一手に担うような存在になる。天文方という、天文科学や暦を専門とする家もありました。それぞれ委任された役割に従って世襲で行政サービスを行なう。そんな不思議なシステムです。

猪瀬　ある氏族に特定の官庁運営を請け負わせるのだから、「民営化」のようなものです。結果論ですが、行政機構が肥大化せずに「小さな政府」が実現できた。

磯田　古代の天皇家はこのシステムに乗っかって、あまりサラリーを払うことなく行政機能を維持できました。天皇家は、自らの権威に基づいて「家職」を命じるだけです。すると、命じられた家は、その仕事を朝廷に対しては、ほぼ無給で行なう。

では、それぞれの家が何で対価を得ていたかというと、「家職」を家元的に独占掌握することにより、門弟たちからの上納金があったり、その技能を取り扱うことで発生する収益を独占的に手に入れたりすることができる。「小さな政府」が「官司請負制」によって実現していたと見ることもできるでしょう。

猪瀬　その場合、天皇家に大きな権威があることが重要な意味を持ちますね。皇室が、その権威をもってある家に「家職」を与える。一種の免許を与えているようなものですね。すると、その家職が権威あるものとなり、それに付随した既得権益でその家には収入がもたらされる。しかもその家は、世襲のかたちで代々、その「職」を守り、精励していく。

この仕組みがあるかぎり、天皇家を倒そうなどというモチベーションは生まれるはずもありません。なにしろ天皇の権威があればこそ、職の安定がもたらされるのですから。

もちろん、家職に携わる家が、腐敗したり堕落することもあるでしょう。そうなった場合には、その家は断絶したり、倒されたりするけれども、新しい家が代わりに天皇から「家職」を命じられるようになる。武芸の家系に軍事警察力を請け負わせるのも、官司請負制の一形態ですね。つまり、鎌倉幕府が倒れて足利幕府になり、それが倒れたら、豊臣秀吉が関白になったり、徳川家康が新たな将軍になったりする。しかし、それらを権威づけているのは一貫して天皇です。

だいたい、大陸型の官僚国家というのは、中央集権の専制君主がいて官僚は科挙という試験に受かって任官する。行政機構は肥大して腐敗していくものですが、どうやら日本の場合は中央が「小さな政府」になった。少し発想が違うようです。

磯田　この構造は一〇〇〇年以上、本当に変わっていません。この構造で読み解いていくと、日本の組織の底に流れているもののかなりの部分が、理解しやすくなるように思います。たとえば、現在の政治家でも世襲している家が多いですが、これなども歴史的にさかのぼって考えていくと、その原理が見えてくる。

この構造が本格的に始まるのは、律令制度が崩壊しはじめる平安後期からのことです。

平安時代の朝廷の地方統治システムと統治範囲

猪瀬　そもそも当初の律令制における全国的な官僚制度とは、どのようなものだったのか。奈良時代の人口は五六〇万人（『国史大辞典』）で僕の想像していたイメージより多いですね。縄文時代前期には二万人ほど、弥生時代には六〇万人に増えて、狩猟採集生活から農耕へと移り、大和朝廷の時代までに飛躍的に増えています。畿内にその四分の一がいたとしても、それなりの統治システムがなければならない。

磯田　大宝元年（七〇一）に制定された大宝律令で、全国を国、郡、里に分けると定められますが、それ以前から国司という役職そのものは存在していました。延喜式《えんぎしき》が定められた十世紀頃には、日本は大和、武蔵、常陸など六八カ国に分けられていましたが、それぞれの国に、行政の責任者として国司が派遣されます。

猪瀬　戦前の内務省の任命県知事みたいなものですね。国司は一定の任期が終わったら、また中央に戻ってくる。行ったり来たりするわけですね。『更級《さらしな》日記』の作者・菅原孝標《すがわらのたかすえ》女《のむすめ》の父や、『土佐日記』の作者・紀貫之《きのつらゆき》は国司で、任地から都に帰ってくる道中で日記を書いたかたちになっている。

磯田　そうですね。奈良時代の歌人として知られる大伴家持《おおとものやかもち》も、越中《えっちゅう》（富山県）に赴任しています。国司の任期は当初は六年、のち承和二年（八三五）から四年となりました。
先ほど、日本を国、郡、里に分けたといいましたが、国司の下には郡司が置かれました。国司は中央から派遣されましたが、その下の郡司までは派遣していません。郡司はだいたい大和朝廷の時代に国造《くにのみやつこ》と呼ばれていた在地豪族の子孫など、地元の有力者が任命されました。世襲がほとんどです。古代の行政は、実際には、この郡司たちによって担われていました。国司のなかには都にいるきりで任国にやってこない者もいる。現在の国会議員さんも家族は選挙区でなく、東京住まいがかなりいる。一方、系列県議は地元です。

猪瀬　徴税の仕組みも日本らしいといえば日本らしいですね。教科書的な理解でいえば、律令制での税として「租庸調《そようちょう》」があった。「租」は田畑の収穫に対して課される税です。「庸」は労役。「調」は布を納めるのが基本ですが、代わりに地方の特産品などで納めることも認められていました。

磯田　朝廷が租庸調の「徴税」を完全にカバーできていたのは、初期の段階では、西は畿内から大宰府周辺まで。熊本南部だとかなり怪しくて、鹿児島まで徴税できるようになるのは平安期に入ってからになります。北のほうでは、宮城の多賀城周辺までです。

猪瀬　そういえば、

「ちぎりきな　かたみに袖を　しぼりつつ　末の松山　浪こさじとは」

という百人一首の歌がありますが、「末の松山」は宮城県の北端で仙台湾から内陸に二キロも入った多賀城市の宝国寺の裏山の松林だとされているようですね。

貞観十一年（八六九）に東北地方を襲った、平成二十三年（二〇一一）の東日本大震災と同程度の規模の一〇〇〇年に一度の大地震で、津波は松林をつぎつぎと呑み込みましたが、「末の松山」までは越えることがなかった。「どんなに海が荒れても、末の松山を浪が越えることはない、それくらいお互いを思う気持ちは変わらないはずなのに」と恋の歌にしているのは、清少納言のお父さんの清原元輔《もとすけ》ですが、この歌は大地震から一〇〇年後に詠まれている。災害が都で恋の歌になるまでにそのぐらいの時間を要した。多賀城は夷狄《いてき》の征伐の出城のようなところで、このあたりが朝廷の力が及ぶ北限だったわけですね。

徴税も実質的には「請負」制度だった

磯田　当初の「租」の税率は一段《たん》（＝一反＝当時は三六〇歩《ぶ》＝約一一九〇平方メートル）あたり二束《そく》二把《は》で、これを米で取っていました。当時の一段あたりの収量と比較して税率に換算した場合、「租」だけで見ると平均的には三パーセント程度に相当するといわれます。古代国家は生産力が低いので、穀物よりも、労役そのものを取り立てる傾向があります。それで古代の官道（国道）は道幅といい、直線性といい、それは立派なものでした。民の労役をつかってつくったわけですね。

猪瀬　先ほど、「日本らしい」といいましたが、「租」の徴税スタイルの変遷です。もともと中国にならった律令制度では、本来なら国司なり郡司なりが戸籍を整備して、田の面積もきちんと管理し、それに応じた徴税をする原則だった。しかし、律令制は真似をするぐらいで、その中央集権の事務作業があまりに煩雑で進まない。

そこで、戸籍や口分田《くぶんでん》を整備する代わりに広く行なわれるようになったのが、「出挙《すいこ》」です。ここから権力が地方分権型というより分散型へ移っていきます。

「出挙」というのは、春の種まきの時期に種籾《たねもみ》を貸し出し、秋の収穫期に利子を取り立てる仕組みのことです。この利子率は五〇パーセントなどという高率でした。やがて農民に半ば強制的に種籾を貸し出し、秋に利子を回収する手法が取られることになります。しかし、これは利子が高すぎて問題になり、逃散《ちょうさん》する農民も続出したと、歴史の教科書などには書かれます。それで、朝廷が利子の上限設定を試みることになったというのです。

ただし、ここがよくわからないのです。一粒の種籾から、多くのお米が穫《と》れるわけですから、実際には種籾の五〇パーセントの利子というのはそれほど負担が重いものだったか。

磯田　奈良時代は田んぼ一反あたり、〇・五石強しか取れませんでした。それが一石に到達するのが、鎌倉ぐらいからで、江戸に入って二石になる。一石は一五〇キログラムですから、奈良時代には一反あたり七五キロ、鎌倉あたりで一五〇キロ、江戸時代には三〇〇キロということですね。

猪瀬　平成二十七年の平均収量は農林水産省のＨＰによれば、一反（＝一〇アール）あたり五三一キログラムだそうです。現在の一反は三〇〇歩ですから、奈良時代の一反＝三六〇歩に換算すると、一反あたり約六三七キロになります。奈良時代の一反あたりの収量が七五キロだとすると、現在のおよそ八分の一の収量ということになります。

農業機器メーカーのクボタのＨＰによると、現在の農業技術では、稲の一粒の種籾から約二〇本の穂が分蘖《ぶんけつ》し、それぞれの穂には一〇〇粒ほど籾がつくようです。つまり、一粒の種籾から、二〇穂×一〇〇粒＝約二〇〇〇粒の籾が収穫できるということです。

単純にそれを八分の一にすると、古代には、一粒の種籾から二五〇粒が収穫できたことになる。とすれば、一〇粒の種籾から二五〇〇粒が収穫できる。いっぽう種籾を出挙で借りた場合は、利子が五〇パーセントですから、一〇粒の種籾を借りたら一五粒を返さなくてはならない。二五〇〇粒が収穫できて、一五粒を返済するわけですから、単純にいえば〇・六パーセントの負担率ということになります。

これだけを見ると、けっして負担率は高くないように見えますが、当時の農業技術と現代の技術の差もあるでしょうから、実際にどうだったか、よくわかりません。

磯田　古代の播種《はしゅ》は効率が悪く、また、出挙もなかなか高率ですから、計算通りにはいかず、農民は大変だったと思います。

猪瀬　いずれにせよ、このような状況のなか、農村での貧富の格差も拡大し、「田堵《たと》」と呼ばれる富農層も誕生してきます。すると今度は、この田堵に徴税を請け負わせるかたちが広く見られるようになる。そのような動きが広まるのと共に、国司のあり方も変貌していきます。十世紀頃になると、国司が国庫への一定額の税の納入を果たしたら、あとは自由にやってよい仕組みになっていく。つまり国への納税額さえ納めたら、残りの税収は、やり方次第で自分の懐に入れることもできるようになる。

さらに、私田の開墾も認められるようになりますが、富農のなかには、自分が開墾した田畑を国司になるような貴族に寄進して、代わりに権利の保護を求める動きも出てくる。国司の権限が強化されて、いわゆる「おいしい仕事」になり、国司になれるかどうかで貴族たちが一喜一憂するようにもなります。芥川龍之介が『芋粥』という小説で、地位が低く貧しい都の役人が、田舎の国司の家で大量の芋粥をごちそうされる話を書いている。

磯田　まさに、平安時代の受領《ずりょう》国司を描いた話ですね。つまり、貴族は国司になれれば、いくらでも金品を集められるということを背景にした話です。

いま猪瀬さんがおっしゃったように徴税を請け負わせていた田堵と呼ばれた有力農民層を郡司がしっかりつかまえて、税を納めさせている。郡司層に任国の行政を任せているのですから、貴族は現地に赴任することもやめてしまうようになります。自分は地方へ赴かず地元任せにしたり代理人を派遣したりすることを「遙任《ようにん》」といいます。実務部分は地方豪族や田堵に請け負わせたりするようになっていくのです。農村での行政実務を請け負った富農である田堵は、やがて名主《みょうしゅ》と呼ばれるようになっていきます。

猪瀬　税収の基礎単位の土地を名田《みょうでん》と呼んでいましたが、その名田を経営するし徴税の代行もする。公領だけでなく、寺などが所有する荘園でも、名主が代行する。実務部分を地元の有力富農に請け負わせていくやり方は、冒頭の磯田さんの「官司請負制」の指摘にも通じますね。権威を背景にしつつ、だんだんと請負で済ませるようなかたちになっていくのが、いかにも日本的です。現代の言葉で表わせば、中央主権から地方分権へ、ですね。管理から放任へ、ともいえます。

平安時代の流通システムと貨幣のあり方

猪瀬　ところで租庸調として集められたものは、どのように中央に送られたのか。

磯田　基本的にはまず、その土地ごとに集めて、それを中央に送るのです。その物資を集積する正倉《しょうそう》は国や郡単位にありますが、立派なものです。そのために道路も整備されました。都と地方との移動のための道路がつくられていくのは、大宝令が出された七〇一年頃からです。広いところでは幅員数十メートルにも及ぶ幹線道路が、全国に敷かれました。奈良時代の道路が立派なのは庸、つまり賦役労働がたくさんあったからといわれています。

この道路を使って、地方の税収は中央に運ばれることになります。運搬を命じられた民衆が、税収となる米や特産品などを都まで運びました。ただし、防人《さきもり》などもそうですが、運搬のために必要となる自分のための食料や旅費などはすべて自弁しなければなりませんでしたので、かなり負担やリスクの高いものであったようです。

また、せっかくつくられた幹線道路も、平安の終わり頃には完全廃絶に近くなります。「庸」の労働力でつくらせたのはいいのですが、地元の事情を勘案しなかったので、湿地帯でもまっすぐ通してしまうようなおかしなことが頻発したからです。

ただし、日本の田んぼが、ちゃんと正方形に区画整理されるようになったのは、庸によるところが大きいでしょう。たとえば私が生まれた岡山は、畦道《あぜみち》一つひとつが奈良時代に固定されたものでした。租庸調が生まれたとき、口分田を分配するために、きちんと一〇九メートル×一〇九メートルの正方形の田んぼにしたのです。

そのためには畦道を引くなど、道普請をする必要があります。それを農民にやらせたのです。ただし、もちろん、そのようなことが全国津々浦々で行なわれたわけではありません。宮城県の多賀城市も、多賀城周辺は条里制がきちんと敷かれていますが、東北は山のなかに入ったらやっていません。

猪瀬　網野善彦さんは、租庸調の調、つまり織物や地域の特産品がちゃんと集まるぐらい、産業間のバランスがとれていたと指摘しています。網野さんが「諸国荘園の年貢」という分析図を載せています（週刊朝日百科「日本の歴史②」）。これは中世（鎌倉、南北朝期）における年貢の分析ですが、それを見ると米、絹、布など以外にも、鉄や油、紙、塩、牛馬、魚介類、漆、薦《こも》、筵《むしろ》、檜皮《ひわだ》、焼きものの器など、さまざまなものが年貢とされていたことがわかります。そのような多様性の基盤は奈良時代や平安時代にもあったはずです。それぐらい、非農業民がいたということです。というより生活とは多角的な産業がないと成り立たないわけで、田んぼを耕しているイメージばかりが流布されすぎています。

しかし、そのような物産を集めても、それを流通させるシステムがなければ意味がない。トラックがあるわけではないから米を輸送するにしても、その輸送コストは膨大なものになります。貨幣があれば、そのような流通システムは利便になりますが、奈良、平安の時代は貨幣はそれほど流通していなかった。

磯田　都の周辺の畿内で少し使われていたぐらいです。日本全国で見ると、実用貨幣としてはほとんど機能していません。ある意味では、奈良時代を私たちは買いかぶりすぎなのです。銭《ぜに》が民のものになるのは院政期から鎌倉ぐらいです。あとで話しますが、日本における貨幣普及は平清盛たちのおかげです。一一五〇年頃まで貨幣は、あまり普及していなかった。極限された状態で国家が発行しているもので、地方の民のなかにはさして入ってきていないのです。

猪瀬　おっしゃるとおりですね。われわれは歴史の教科書で「和銅元年（七〇八）に和同《わどう》開弥《かいちん》という貨幣が発行された」と学びますし、七世紀後半には「富本銭《ふほんせん》」という貨幣が鋳造されていたこともわかっています。

日本銀行金融研究所の貨幣博物館が二〇〇七～二〇〇八年に「貨幣誕生――和同開弥の時代とくらし」という企画展を行なっていて、そのときの図録を貨幣博物館のホームページで見ることができますが、それを読むと、和同開弥のほかにも、万年通宝（七六〇年）、神功開宝（七六五年）などが発行されたとある。「律令国家の各役所は、全国から集めた税で運営され、その税のなかから役人たちに給料が支払われました。和同開弥の発行後、国家は税を銭貨で納めることが出来るように、給料の一部を銭貨で支払うことを定めました」と図録には書いてありますが、しかし、あくまで銭貨が貨幣として流通したのは畿内にかぎられるようですね。

しかも、九世紀末頃には平安京の造営工事が終息し、畿内での銭貨による消費活動も縮小したことなどから銭貨の発行量は減少し、平安時代には九種類の貨幣が鋳造されたものの次第に質も低下した。十一世紀の初めから約一五〇年間は、日本は貨幣の空白期になってしまったとあります。前掲の図録によれば、畿内以西は貨幣として米が用いられ、東国では絹や布が用いられたという。しかも、それらは持ち運びに不便だったため「信用経済」も発達し、役所間では所管の倉などに支払いを命じた書類を出して、その書類が小切手に近い機能を果たしていたといいます。このあたりのことは、なかなかおもしろいですね。

磯田　日本全国の庶民のレベルで見た場合には、あくまでも基本的には物々交換的な社会だったということです。その後、日本が貨幣経済になるのは、中国からの宋銭が大量に輸入されるようになる十二世紀半ばからのことです。

天皇の権威がなぜ、いかにして全国に行き渡ったか

猪瀬　ところで、「官司請負制」にしても、国司のあり方や徴税の仕組みにしても、それ

が成り立つためには、皇室や朝廷の威光が全国に行き届いていることが前提となります。天皇の権威が、なぜ、いかにして全国に行き渡ったのか。そこが不思議ですね。

磯田　大前提は、「大和王権に圧倒的な力があった」ということでしょう。その力をいつ示したかというと、私は応神天皇から雄略天皇の頃だと思います。この時代は「空白の四世紀」と呼ばれ、史料がありません。ただ当時の日本の古墳は、同時代の朝鮮半島の古墳よりも、はるかに大きい。それがなぜか、教科書は教えていませんが、ここに日本を読み解くカギがある気がします。

猪瀬　当時の日本に巨大古墳を造るほどの資本の蓄積があった。

磯田　朝鮮半島より、はるかに中央集権制が強かったはずです。もっとも、当時日本の一〇〇倍もの人口があった中国大陸に成立した秦《しん》帝国の始皇帝陵には負けますが。

朝鮮半島は、歴史的にも地形的にも、だいたい三つぐらいに分かれやすい地政学的構造を持っています。朝鮮半島よりも国土が南北に長大に伸びていて、水系が分かれている日本は、さらに分かれやすい構造にあります。にもかかわらず日本のほうが中央集権的になったのはなぜか。

考古学者のなかには、稲作のために鉄器をまとめて朝鮮半島から輸入する必要があったから、という説を唱える方もいます。荒波の玄界灘を越えて朝鮮半島まで行くには、非常に強力な権力が必要だった。いわば尾張の王や吉備《きび》の王、あるいは出雲《いずも》の王ほどの規模、つまり現在の県にあたる面積の領地を三つか四つ持っている王でないと、それだけの船を仕立てて海を行き来できない。逆にいうと、輸入した大量の鉄器を子分たちに配るから、王権が非常に強くなるという話になります。

別の見方もあって、当時、鉄の大部分は朝鮮南部からもたらされていたわけですが、その地域は考古学的な出土品から見ても、日本の影響下にあったことがわかっています。『日本書紀』に出てくる任那《みまな》日本府は議論がありますが、この地域は大和王権と深い関係にありました。ここで産出された鉄を日本に持ってこられる大和王権が、日本国内で非常に大きな力を持っていたのです。

猪瀬　前方後円墳がその権力の象徴ですね。

磯田　文化人類学的に見ると、日本における王朝の起源は西暦二〇〇年頃だといわれます。この頃、日本に最初の大規模な都市ができたからです。『魏志倭人伝』は三世紀末に書かれたものですが、そこに現われる邪馬台国の話とも、ちょうど時代が合致します。また、文化人類学的にいえば、王朝の誕生を裏づけるものとして大きなモニュメントがなければいけませんが、日本の場合、それが前方後円墳です。
猪瀬　三世紀頃からですね。
磯田　おそらく古墳を造りながら、国家を形成していったのだと思います。
猪瀬　権力と富の集積が、前方後円墳に象徴されるわけですね。そう考えるならば、卑弥呼が九州にいたという説なんて、ありえないことになります。

日本神話を歴史として解釈してみると

猪瀬　そのような古代の中央集権のあり方がいかに確立されたかを理解するためには、やはりそれまでの経緯を踏まえないといけません。
まず前提としなければいけないのは、青森県の三内丸山遺跡が象徴的ですが、縄文時代にも日本では豊かな文明が根づいていたことです。非常に高度な土器文化や石器文化があり、しかも当時から日本全国規模で交易が行なわれていたこともわかっています。この縄文文明を支えたのは、クリの栽培でした。クリは腐らない、保存ができる。稲作ではないけれど栗林を栽培して、農耕に近い狩猟採集生活を数千年の歳月の間、安定的に過ごしていた。そこへ稲作文化が入ってきたわけです。

磯田　稲作文化に基づいた吉野ヶ里のような弥生時代の遺跡で特徴的なのは、集落を囲いで囲っていることです。『古事記』に須佐之男命《すさのおのみこと》の、

「八雲立つ　出雲八重垣　妻籠《つまごみ》に　八重垣つくる　その八重垣を」

という歌があります。日本最初の和歌といわれていますね。この「八重垣」という言葉は象徴的ですけれども、集落を囲うことで、明らかに内と外をはっきり分けている。さらに高い位置と低い位置でも分けている。

おそらく内と外、上と下という概念をはっきり持っている人たちが渡来系でやって来て、そこに縄文人が持っていなかった思想を持ち込み、それが融合していったのではないか。世界中のあらゆる民族が上下関係にうるさかったり、官僚制や軍隊を好んだりするわけではありません。アイヌは何百年と続く歴史のなかで、最後まで精緻な官僚制を持たなかった。狩猟採集生活だと、持ちにくいのです。

猪瀬　やはり、一度も他民族の脅威にさらされていないことが大きいでしょうね。ところで、大国主命《おおくにぬしのみこと》の国譲り神話は、歴史にあてはめてみた場合、いつごろの話ということになるのでしょう。以前、鳥取県に行ったとき、因幡《いなば》の白兎伝説がある海辺の森のなかの池にも行きました。白兎が身体を洗ったという池ですが、直径一〇〇メートルもない小さな池で

す。そんな小さな池が全国区の神話になっていることに驚いたものです。とても統一王朝の神話の舞台ではなく、やはりローカルな話だと思いました。

磯田　もちろん本当のところはわかりませんが、あえて乱暴に国譲り神話を歴史上の出来事と措定して、年代を推定するとすれば二五〇年頃ではないでしょうか。卑弥呼の時代を二三〇年前後だとすれば、その少し後ということになります。卑弥呼の政権が大和にあったとすれば「前方後円墳」の文化圏です。いっぽう出雲国や静岡県では「前方後方墳」が築かれていました。つまり多様なかたちがあったのですが、これが全国的に前方後円墳になっていくのが二五〇年から三〇〇年にかけて。だから、この五〇年間でおそらく国を譲る、譲らないという話があったのではないでしょうか。

国譲り神話では、大国主命の息子の建御名方神《たけみなかたのかみ》が、天照大神《あまてらすおおみかみ》の使いの建御雷神《たけみかづちのかみ》と力比べをしようとします。すると、建御雷神の手が鉄の剣に変わった。大国主命は観念して「もう講和しよう」というのだけれど、息子の建御名方神は最後まで抵抗し、諏訪まで逃げていきますが、追いかけてきた建御雷神に押さえつけられ、あわや殺されるというときに「もうこの諏訪の地から出ません。出雲の国は譲りますから、助けてください」と懇願し、許してもらう。この建御名方神が諏訪大社のご祭神です。だから長野の人たちは、最後まで大和の国と戦った人たちということになります。

猪瀬　諏訪大社は七年に一度の御柱《おんばしら》祭に象徴されるように、巨木祭祀《さいし》の伝統を色濃く残していています。出雲大社もかつては巨木の柱の上に社殿が造られた高層建築だった。やはり共通点があるのでしょうね。

磯田　諏訪からも程近い長野県松本市には、三世紀末に築造されたといわれる弘法山古墳という長さ約六〇メートルの前方後方墳もあります。おそらく出雲系に近く、大和に対抗した人たちが松本盆地で、この前方後方墳を造ったのではないでしょうか。

仁徳天皇の時代には強力な海兵隊があった⁉

猪瀬　そうしてだんだんと王朝が形成されていくわけですが、いちばん大きい前方後円墳である仁徳天皇陵は四五〇年頃に造られたものです。

ところで、仁徳天皇陵を学校でも「仁徳天皇陵」と習ったのですが、最近は、堺市堺区大仙町の地名から「大仙陵《だいせんりょう》古墳」と教わるそうですね。いまも宮内庁は、「仁徳天皇陵」という見解を変えていないのですが、歴史学者のなかから、本当に仁徳天皇の陵墓かどうかわからないから、仁徳天皇陵という呼称はふさわしくないという意見が出ているからだと。

たしかに、そういわれればそうですが、そもそも歴史学者は左派系が多くて、『日本書紀』や『古事記』のことを認めたくない人たちもいますから。どことなく「仁徳天皇陵」の呼称の拒否にはイデオロギー的な匂いも感じてしまいます。とりあえず本書では、宮内庁の呼称に従い、「仁徳天皇陵」と呼ぶようにしましょう。

さて、話を戻しますが、この仁徳天皇陵が完成した頃が、集権の一つのピークということになりますね。

磯田　そうですね。ただ、仁徳天皇陵の大きさは約四八六メートルですが、吉備（岡山県）にも三五〇メートルの古墳があるのです。

猪瀬　大和と吉備が対立していた？

磯田　いえ、同盟関係を結んでいました。仁徳天皇の后《きさき》は吉備の出身です。吉備から后を迎えた大和の大王《おおきみ》が、全国で戦っていくという構図です。吉備が大和に反乱を起こしたこともあります。それから時を経て、最も集権が進んだのは、七〇〇年頃でしょう。この頃から吉備はじめ各地の陵墓が急速に小さくなり、中央だけに大きな王墓ができるようになるのです。

猪瀬　連合王国から完全な統一王国になるまで、二〇〇年ぐらいかかっているということだ。

磯田　仁徳天皇から雄略天皇の時代のものと思われる巨大な倉庫群も発見されています。財務省（大蔵省）のような機能を果たす役所がないとできなかったはずです。帳簿のようなものもきちんとつくり、毎年きちんと徴税して、計画的に集めて、蔵に入れなければならない。逆にいえば、そのような仕組みができあがっていたからこそ、仁徳天皇陵のような巨大な墓も造ることができたのです。

猪瀬　おっしゃるように、古墳造りは公共事業であり、あれだけの土木工事をやるには経営管理が必要となる。

磯田　そして、その頃には古墳時代の海兵隊のようなものができていたのではないか、と私は考えています。摂津には武庫や兵庫も作られました。武庫川などの地名で残っていますね。港に兵を置いておいて、地方が反乱を起こした場合、すぐに船で兵を送れるようにしたのではないか。機動的に兵を運用するためには、日本の場合、海路を使うのがいい。そのための技術が発達していたのではないでしょうか。六世紀に熊本で築造されたチブサン古墳から出土した壁画には、船の絵も描かれています。

猪瀬　中央集権を支えるさまざまな仕組みも、すでにできあがっていた。

磯田　そうなんです。ただ、この集権の政府は、前に言葉として出た「郡司」レベル、つまり日本各地で一つの盆地くらいを勢力圏として割拠している豪族たちの支配権を保証するものだったと思われます。

一〇〇メートル以上の規模の古墳が多くあるのは、近畿、岡山、北九州、さらに埼玉や群馬、宮崎や熊本などです。おそらく東は群馬と埼玉を結んだ線と、西は宮崎と熊本を結んだ線が大和王権のかつての最前線で、そこに駐屯軍の大きいものを置いたからかもしれない。すなわち、地方で前方後円墳が造られている頃には、すでにその地元の人たちは大王（の ちの天皇）の権威を認めていたということになります。巨大古墳を造ったのは、軍事指導者としての天皇であり、大王が率いる王権だったわけですから。その頃から「武力を持ったら強い」というアイデンティティを日本人は持っていたように思います。

たとえば倭王武が四七八年に宋の順帝に送った上表文（『宋書・倭国伝』）には「昔から祖禰《そでい》躬《みずか》ら甲冑を環《つらぬ》き、山川《さんせん》を跋渉《ばっしょう》し、寧処《ねいしょ》に遑《いとま》あらず。東は毛人を征すること、五十五国。西は衆夷を服すること六十六国。渡りて海北を平らぐること、九十五国」などといった文言が書かれていています。武力が強いことが自分たちの誇りだと、中国に対して表明していますね。

古墳時代には、まだ日本の仮名文字はなかったわけで、文明は大陸から借り入れてきていた。そこで、文ではなく武で権威づけした。やがて、仏教も入ってくる。このあたりで、洗練された権威みたいなものが生まれてくるのではないか。

地域でも生まれてきます、郡単位で。「郡寺」というものが造られていくのです。郡司クラス以上が、日本における地域豪族の最初だと思います。

猪瀬　なるほど。古墳時代の官僚制はどのようなものだったのか。

磯田　おそらく蘇我氏などが、大陸風の制度を持ち込んだのでしょう。地方豪族程度の軍事技術では、絶対に敵わないような制度をつくった。かつて騎馬民族征服説が一世を風靡《ふうび》しました。いまではその説はほぼ否定されていますが、応神・仁徳政権が強力な騎馬を持っていたことは確かなようです。やはり蘇我氏あたりが中心になって、大陸や朝鮮半島に学んで整った軍隊と官僚制をつくったのではないでしょうか。

「権力構造」は変わっても皇室の「権威構造」は変わらなかった

猪瀬　つまり応神天皇から雄略天皇の頃に確立した天皇の御稜威《みいつ》（威光）が、それ以降も脈々と続いたということですね。このあたりがおもしろいところですね。その後、少なくとも平安時代以降は、大和朝廷の周辺から強大な軍隊が消えていく。それでも、その権威だけは残る。

皇室の権威が残り続けたのは、それこそ磯田さんが指摘した「官司請負制」のような仕組みが成立していたゆえかもしれませんね。つまり、誰もが「皇室の権威」によって成り立っているシステムの「共益者」であるわけだし、その権威が「自らの権威の源泉」でもあるわけだから。

磯田　おっしゃるとおりですね。皇位が武力によって左右されはじめるのは平清盛の頃からで、清盛が最初にゲバルト（暴力）によって位人臣《くらいじんしん》を極め、皇位の決定をしました。蘇我氏も藤原氏も皇位の行方を左右したかもしれませんが、ある豪族が武によって自由に天皇を決め続けるということはなかった。それが変わるのは、やはり清盛からで、清盛が台頭する院政期から「権力構造」が変わっている気がします。それでも武家は自分が天皇になろうとは思わず、皇室を絶やすこともなかった。「権力構造」はたしかに変わったけれども、皇室の「権威構造」は変わらなかったのです。

猪瀬　「皇室の権威」とは何か、ですね。

磯田　何を権威ととらえるかという問題がありますが、天皇を「地上に遣わされた太陽の御子」とするという観念は、とても大きいものではないでしょうか。

聖徳太子の有名な逸話で、遣隋使を派遣した折、隋の煬帝《ようだい》に「日出《ひいず》る処の天子、書を日没する処の天子に致す」（隋書）という書状を出したというものがありますが、この「日出る処の天子」も、「天皇は日嗣《ひつぎ》なのだ」という意識を反映したものとも考えられる。「日嗣」とは、日の神の大命により大業をつぎつぎに受け継ぐという意味で、いまでも天皇が位を譲るときは、「日嗣の位を譲る」といいます。

猪瀬　聖徳太子が十七条の憲法を制定したのが六〇四年、『日本書紀』に聖徳太子の話が出てきますが、『日本書紀』ができたのが七二〇年。そうすると遅くともその頃までには、天皇の権威と太陽信仰を結びつける考えが確立していた、となります。

磯田　もちろん、実際にはそれよりもそうとう古くから、そのような考えが続いてきているわけです。

皇位継承の儀式に「違憲」だと口を挟む内閣法制局の愚

磯田　ところが現代では、いささか変な具合の議論がなされることもあります。「天皇の退位等に関する皇室典範特例法」が平成二十九年（二〇一七）六月十六日に公布されたわけですが、同年四月二十三日付の『毎日新聞』が「退位儀式　法制局が難色『違憲の恐れ』政府、形式検討へ」という記事を出しました。この記事によれば、「天皇陛下の退位に伴う儀式について、内閣法制局が、天皇の国政関与を禁じた憲法四条などとの整合性から実施に否定的な見解を示していることが分かった」というのです。

この記事にも書かれていますが、退位の儀式の内容は平安時代の「貞観《じょうがん》儀式」という書に記されており、譲位される天皇の声明文が読み上げられ、神剣（草薙剣《くさなぎのつるぎ》＝天叢雲剣《あめのむらくものつるぎ》の形代《かたしろ》）と神璽《しんじ》（八尺瓊勾玉《やさかにのまがたま》）が、退位される天皇から新天皇に受け渡されるわけです。

ちなみに前の帝が崩御されて、新たな天皇が即位される折には、現在でも剣璽渡御の儀（剣璽等承継の儀）が行なわれ、これは国事行為とされています。崩御された場合の「剣璽等承継の儀」は国事行為なのに、譲位の折の同様の儀式が憲法に抵触するというのは、どう考えても、おかしな論理です。

では、なぜ譲位されるときには憲法に抵触するのか。紹介した『毎日新聞』の記事によれば、「退位する天皇の声明文は天皇の意思表明とみなされる恐れがある」「天皇が皇位を譲り渡すような形式は、『天皇の地位は国民の総意に基づく』と定めた憲法一条との整合性を説明するのが難しい」というのですが、やはり常識的に考えたほうがよい。譲位される天皇の声明文は歴史伝統による儀礼上の文章です。国民主権と矛盾するとまではいえないのではないかと思います。工夫の余地もあります。

天皇という存在について、儀礼文化上の日嗣の地位と、法律政治上の国の象徴としての地位を分離して考えるかどうかという問題になりますが、しかしこれを完全に分離してしまうのは、日本で古《いにしえ》から伝えられてきた歴史的背景、文化的背景への顧慮が足りないのではないでしょうか。神話に基づく戦前の天皇制は敗戦後の「人間宣言」で政治的には区切りをつけてあるわけですから。国民主権と歴史伝統のバランスをとった儀礼はありうるはずです。

猪瀬　「法匪《ほうひ》」という言葉がありますが、いかにもエリート主義でありながら責任回避に汲々《きゅうきゅう》とする役人がいいそうなことです。昭和から平成に御代が代わるときの皇位継承の儀式のさまざまな部分についても、内閣法制局が違憲だと口を挟みかけた。

歴史を顧みることは、とても大切なことです。僕は『天皇の影法師』（中公文庫）で、八《や》瀬童子《せのどうじ》のことを書きました。京都の洛北に八瀬という集落がありますが、この地の人びとは、八瀬童子という伝統を誇りとし、かたくなに守ってきたわけです。中世から天皇崩御の折、柩《ひつぎ》は八瀬童子がかつぐということになっていたのです。大正天皇が崩御された折も、彼らが柩をかついでいます。この役目があることもあって、かつて八瀬の人びとは税制上も優遇されていました。八瀬の伝承では、建武三年（一三三六）に後醍醐天皇が足利尊氏の追撃を避けて比叡山を越えて坂本へ逃れたときに八瀬童子が鳳輿《ほうよ》をかつぎ、その功により年貢免除になったというのですが、その伝承の背後には、江戸時代に山林伐採権を巡って起こった、比叡山との紛争があった。そのようなことも含め、やはり歴史と伝統の重みと、そこにかける人びとの想いというものは、すごいものなのです。

そのような歴史と伝統の重みは、考慮されなければなりません。法律の字句ばかりにとらわれて、歴史と伝統を軽視するような役人は、あまりに浅はかとしかいえません。

たとえば、地元の祭礼などに自治体が参画することについても、「政教分離の原則に違反」などと必要以上に騒ぎ立てる人たちがいますが、これも感覚的におかしい。もちろん、宗教的な意味が皆無とはいいませんが、そもそも長い歴史の間、続けられてきた慣習であって、そこに深い文化的な意味も、社会統合の意味も多分に含まれているのです。それらを一顧だにせず「法律違反」などとばかりいう人は、あまりに近視眼的で、およそ文化についても歴史についても、何の素養もない人間だというしかない。

そのようなことが許されたら、それこそこれまで日本で脈々と続いてきた社会システムの根幹に、深刻なダメージが与えられてしまうことでしょう。

第二章

「新しい公」の再編成

――鎌倉、室町、戦国のダイナミズム

鎌倉幕府と室町幕府は何がどのように違うのか

猪瀬　僕たちは学校でも歴史を学んでいるわけですが、よくよく考えると、案外、基本的なことがまったくわかっていない場合が多々あるように思います。たとえば、同じ「幕府」という名前がついていますが、鎌倉幕府と室町幕府とは、何がどのように違うのでしょうか。そう聞かれると、なかなか答えられない人が多いはずです。幕府の成立と変遷は、武士が組織を築き上げていく重要なプロセスであるはずなのですが。

そもそも、当時の人たちは幕府のことを「幕府」とは呼んではいなかった。幕府のことを「公儀《こうぎ》」と呼んだり、将軍のことを「公方《くぼう》」と呼んだりしていました。人びとが幕府のことを広く「幕府」と呼ぶのは、むしろ幕末から明治時代以降です。

この「公儀」における「公」と天皇の権威との関係をどのようにとらえるか、後ほど改めて考察することにしましょう。

公儀や公方という言葉が表わす「おおやけ」という概念と、「幕府」という言葉が示す概念は、まったく異なるものです。本当は、そのような用語の使用から当時の感覚を共有しないと、その頃の人びとが何を考えていたのかがわからないのかもしれませんが、ここでは便宜的に「幕府」という言葉を使うようにしたいと思います。

磯田　まず鎌倉幕府と室町幕府の共通点をいうと、「源氏の武士が朝廷から征夷大将軍に任じられて、武家の棟梁になる」という点は同じです。違う点は、いちばんはっきりしているのが西への影響力です。鎌倉幕府は東国に芽生えた武士の世界の権力であり、西国にも影響力を及ぼしていますが、あまり強くない。とくに鎌倉開幕から間もない頃は。

猪瀬　円が二つあると考えるといいですね。京都の円と鎌倉の円があって、京都の円は京都から九州ぐらいまでかかっている。鎌倉の円は鎌倉から東北ぐらいまでで、鎌倉以西にはあまりかかっていない。鎌倉幕府は、鎌倉の円の内部では力を持っていましたが、京都の円にはなかなか力を及ぼせなかった。

磯田　鎌倉幕府も末期になると、元に攻められるようになり、西への影響力を強める必要が出てきます。朝廷や寺院なども、本当は東国の武士に来てもらいたくはないのだけれども、他国に攻められたら終わりなので、それを認めざるをえない。しかし、その過程でものすごい軋轢《あつれき》が生じるのです。

鎌倉幕府の西への影響力が強くなる契機は二回あって、一回目は後鳥羽上皇が一二二一年に承久の乱を起こしたときです。後鳥羽上皇は敗れ、隠岐《おき》島に配流となりますが、このとき鎌倉幕府は後鳥羽上皇が持っていた大量の荘園を全部取り上げ、そこへ自分の子分たち、つまり御家人を配置した。これにより御家人が西へ移り、西への影響力が強まった。そして二回目が、一二七四年と一二八一年の元寇で、ここでもまた西への影響力が強まります。西国の武装集団を鎌倉が管理下におこうとしたり、主従関係に組み込もうとします。

西への影響力を強めながら、最終的に鎌倉幕府が東の政権から脱却できなかった理由として、もともと東にいた武士団を各地にばら撒いて武士の一族の理屈で統治していることがあります。これを「惣領制《そうりょう》」といいます。

当時の武士社会では分割相続が一般的でした。ただし惣領(跡継ぎ)が多くの所領を相続し、最も重きを置かれていた。鎌倉幕府のために尽力する御家人たちは恩賞であちこちの土地をもらい、そこに一族を派遣します。

猪瀬 昔は武田氏なら武田氏で、全国に散らばっていたのです。

磯田 おっしゃるとおりです。武田氏は河内源氏の流れを汲む一族ですが、後世の武田信玄で有名なように甲斐が本領で、安芸《あき》、若狭、下総《しもうさ》などに庶流がありました。このような場合、もちろんそれぞれの土地に根づいて生きているのですが、いったん何らかのことが起きたら、庶家は惣領家(宗家)のために働くのがふつうでした。どんなに離れていても、宗家のために馳せ参じるのです。つまり、地縁でつながった人たちが配下ではなく、血縁をベースにつながっているのです。

いわば鎌倉幕府に忠誠を誓う御家人たちを全国にばら撒いて、彼らのネットワークで上から網をかぶせたような支配です。御家人の血縁に基づく武士団を全国に撒いているので、統治の点で弱さがある。鎌倉時代までの日本は、「属人的」な社会だったのです。

別の例を挙げれば、相模《さがみ》に渋谷氏という豪族がいましたが、早い段階で源頼朝に味方をしたので、一族みんな、あちこちに荘園をもらい、その結果、一族は各地に散らばります。渋谷金王丸は金王八幡宮のある東京都渋谷にいますし、薩摩渋谷氏は後鳥羽上皇が起こした承久の乱での功績により、鹿児島に荘園をもらったとき生まれました。渋谷氏は鹿児島から関東まで、バラバラに所領の荘園を持ち、一族がみんな散らばって住んでいるのですが、一族意識を持って交流しています。

猪瀬　当時、どうやって各地の場所がわかったのか。

磯田　「行基図《ぎょうきず》」と呼ばれる日本地図を持っていました。行基が諸国を回ってつくった地図とされていたものです。これが割に普及していた。地図の精度としては、すごくいいかげんなものではあって、サツマイモのようなかたちをした日本があり、そこに当時の行政区分だった六十余州が描かれている。それが全国に広がり、それを見ると「だいたいあのへんに親戚がいる」とわかる。当時の武家は馬社会でしたから、行きたければ、馬などに乗って旅をして会いに行くのです。

鎌倉幕府が渋谷氏に「軍事的サービスを供出しろ」と命じると、一族のなかで手紙が飛び交い、バラバラに住んでいる一族があちこちから集まってくる。そんな一体感を持っていた。

猪瀬　僕は長野の出身ですが、長野市の善光寺のすぐ近くから北にかけて、太田荘という荘園があり、ここが島津氏の領地でした。ここから島津本家のある薩摩まで年貢を納めていたのですが、その方法はお米ではなく、上質の麻を納めていたといいます。これなら軽くて運びやすい。

当時の豪族は、いい場所があったら、離れた場所でもどんどん自分の領地にしていた。いい土地を見つけて、分家に麻などをつくらせ、本家にそれを還流させていた。

磯田　そのような「属人的」な形態が変化して、むしろ地域的なつながりが基盤となる「属地的」な社会になっていくのは南北朝期以降のことです。そして氏族が権力の基礎となる時代から、地域権力の時代になっていきます。

猪瀬　つまり、惣領が「集まれ！」と号令をかけても、みんないうことを聞かず、集まらない。むしろ、おのおのが「俺がリーダーだ」「俺が本家だ」と思いだすわけですね。もちろん、本家から分家して長い年月が経ってくると次第に紐帯《ちゅうたい》も細くなっていきますから、そのような状態になっていくのもわからない話ではありません。

幕府が仲裁力を喪失し、戦国の世が始まった

磯田　もう一つ、将軍の幕府の機能の大きなものは、武士同士が土地の所有権などを巡って争ったときに、その決着を裁判でつけてやることでした。

猪瀬　「この土地は誰々のもの」と保証してやるのが、幕府の大きな役割だった。

磯田　その点でいうと、鎌倉幕府の時代は、鎌倉に「問注所《もんちゅうじょ》」という裁判機関が設置されていて、そこで所領裁判をしたわけです。ところが室町幕府になると、問注所は設けられますが、鎌倉幕府と比べると機能は小さくなって評定・引付・内談などという所で行なわれるようになりました。

裁判では、判決を出すだけではなく、それを執行できる力や権威があることが重要です。要は、強制執行できなければ、判決も単なる空手形になってしまう。鎌倉幕府はなんとか強

制執行できるだけの力と権威がありました。ところが室町幕府の後期になると、判決は下せても強制執行が必ずしもできなくなるのです。そうなると判決を出しても、何の意味もありません。

この点からすれば、鎌倉幕府は室町幕府より強権を持っていたといえます。

猪瀬　「強権」といっても、鎌倉幕府が現在のような行政を行なっていたわけではありませんね。現在の「福祉」行政のようなことは行なわれていなかったのでしょうし、「橋を架けてくれ」と申し出ても架けなかった。

磯田　極端にいってしまえば、鎌倉幕府も室町幕府も、自分たちに関わること以外は、裁判しかしなかったといってもいいでしょう。しかも、親告罪しか扱わない。「獄前の死人、訴え無くば検断無し」といって、鎌倉幕府の役所の門前で殺人があっても、被害者の親戚等が「事件化してください」と告訴しないと、絶対に取り上げない。そういう親告罪専門の特殊な裁判所が「問注所」でした。

猪瀬　しかし、その親告罪専門の裁判所も、室町幕府以降はだんだんと強制執行力を失って形骸化していく。そうすると、実際的な裁判はどのように行なわれていたのか。

磯田　幕府の裁判所が機能しなくなると、地域裁判所が勝手につくられるようになります。何か争いごとが起きたとき、室町幕府が裁定を下しても、室町幕府には強制執行権がないので、守護に執行させることになります。これを「使節遵行《しせつじゅんぎょう》」といいます。

もともと鎌倉時代には、裁判に中立的な立場の御家人二人を「使節」として現地に派遣し、強制執行させる仕組みがありました。やがて、この強制執行を守護が行なうかたちになっていく。それが鎌倉時代後半から室町時代にかけてのことです。

猪瀬 これがさらに進むと、地元の豪族は、初めから幕府には訴え出ないで、地元の守護に訴え出るようになっていく。

磯田 そうです。たとえば安芸国でいちばん強いのは毛利氏ということになれば、何かもめごとが生じても室町幕府には訴えない。みんな毛利氏のところに集まって、地域の人たちによる裁判を開く。室町幕府に訴えても、何の効力もないのですから、そうするより致し方ありません。こうして地縁国家ができあがっていくのです。

室町幕府があまり機能しなくなって無政府状態になると、地域権力を中心にまとまろうという動きが必然的に強くなります。ただ、これは怖い話でもあって、地域権力同士がぶつかった場合、どちらかが倒れるまで戦うことになる。

猪瀬 かつては幕府が仲裁機能を持っていたわけですが、幕府にその力がなくなったら、どちらかが倒れるか、強引に納得させるまで戦うしかなくなる。これこそ戦国の世の始まりですね。

磯田　そうです。そのようにして、地域権力のブロックの統合化が進んでいったのが戦国時代の後期から安土桃山時代にかけてです。

たとえば安芸国と出雲国の地域権力がぶつかり、最終的に安芸国の毛利氏が出雲国の尼子《あまご》氏を呑み込む。そうして一つひとつのブロックが大きくなり、毛利氏の場合、最終的に中国地方の一〇カ国を領有するようになりました。それが信長や秀吉のブロックとぶつかる。ぶつかって呑み込まれるなかで、天下統一が進んでいくのです。

中国の銭貨の使用で大陸ファクターが大きくなった

磯田　鎌倉時代に話を戻しますが、鎌倉期には、じつは日本では人口が増えるきっかけとなる出来事が起こっています。一つは、中国からインディカ米が入ってきたことです。大唐米と呼ばれました。米の生産域というと、江戸時代の城下町があるような河口部の氾濫《はんらん》原や平野部、太平洋ベルト地帯の大平野地域をイメージしますが、鎌倉時代までは違いました。このような土地は、利根川のような大きな河川で大洪水がしょっちゅう起きるので、耕地開発が難しいのです。このような土地が開墾されていくのは、治水工事技術が進んで以降のことです。

インディカ米の生産域は谷間や河川の中上流域で、これだと湿地帯に種籾を蒔いて栽培することができる。これが鎌倉から南北朝、室町にかけての人口増加を牽引するのです。

同時に、中国からどんどん貨幣（銭）が入りだし、街道や海で流通を担う人たち、必ずしも土地に則らない人たちが銭を持つようになります。銭があれば、力が生じます。このあたりは網野善彦さんの中世史論が明らかにしていますね。

猪瀬 貨幣博物館が「海を越えた中世のお金――〝びた1文〟に秘められた歴史」という企画展を二〇〇九年から二〇一〇年にかけて開催していて、その図録も貨幣博物館のホームページでダウンロードすることができます。

これによると、十二世紀半ばから中国から銭貨が流入するようになって、再び銭貨が使用されるようになりますが、当初、朝廷は銭貨の使用を認めていなかった。一一七〇年代には朝廷でも「唐土から渡るの銭」を使用することは私鋳銭に同じだという議論がなされ、建久三年（一一九二）には銭貨の使用停止の宣下も出しています。ところが、中国からの銭貨の流入は、あまりにも莫大なものでした。

そもそも中世の日本では、国内での銅産出量の不足や、自国で鋳造するより中国から輸入したほうがコスト面で安上がりだったことから、国家として貨幣を発行することはなかったのに対し、中国の北宋は中国歴代王朝のなかで最も多くの銭貨を鋳造した王朝で、ピーク時には年間一〇億枚も鋳造したそうです。それが日本に入ってきたので、日本で出土する銭貨も北宋銭が七七パーセントを占めた。このような流れのなかで、嘉禄二年（一二二六）、鎌倉幕府は年貢をこれまでの布から銭貨で納めるように命じます。この頃には、もう銭貨の勢いは止められないものになっていたということです。

しかも、金・南宋が滅亡して元王朝になると（一二七一年）、銀や紙幣が流通するようになって銭貨の使用が禁止されたので、日本にさらに大量に流入することになります。

このような大きな流れのなかで、海運、陸運など流通業に携わる人びとなどが銭の力を背景に、大きく力を伸ばしていくことになります。

磯田　だから鎌倉時代は大陸ファクター、中国要素の大きい時代なのです。しかも中国と交易があるのは西日本ですから、中国からお金が入ってくるということは、やはり西に重心がある国家になる。

猪瀬　ちなみに当時から国産の銭が、あることはあったんですよね。「びた一文」の語源の「びた銭」は、中世につくられた国産の銭のことです。

磯田　「びた銭」は、中世に、いろんな所で私的に勝手につくられた銭です。国内のものが多いのですが、中国で勝手につくられたものも一部あります。ただし質が悪く、「すり切れてビタっと肌にくっつくくらい薄くなる銭」だから「びた銭」という説もあります。質の悪い銭は皆、びた銭と呼んでいました。いずれにせよ、当時は西日本のほうが豊かだったことは確かです。にもかかわらず鎌倉に政権が成立したのは、気候の問題があったと思います。鎌倉の頃は中世温暖期といって例外的に地球が暖かく、東国や東北地方に非常に有利な時期だった。温暖期で、東国や東北が比較的に豊かだったことが関係していると思います。

「守護」「地頭」の存在が意味すること

磯田　時代が下るにつれ、中国の影響、もっとくだいていえば「銭の力」に依って立つ西の豪族たちの力がますます増大していきます。彼らは「銭」を持っているし、流通もおさえている。やがて下流域の開発で生まれた荘園も自分の領地にしはじめる。ここで何が起きたかというと、室町の人は鎌倉の人たちと違って、不合理な行為をしなくなるのです。

じつは律令制度における荘園は、ある種、「それでいいの?」といいたくなるような前提で成り立っています。なぜなら貴族や寺院の私有地ということになっているとはいえ、あまり「武力・強制力」がありませんでした。つまり、年貢を送らなかったり貴族や寺院の意向に沿わぬことをしたりした場合、貴族お抱えの武士や寺院傘下の僧兵が攻めてくるかというと、あまりそうでもなかった。私が知るかぎり、何かあったときに京の僧兵などによって襲われる範囲は、東でせいぜい静岡県の浜松ぐらいまでです。

にもかかわらず鎌倉時代の人は、都にいる公家や天皇や寺社が頼んできたら、ほとんどお賽銭やお布施のような感覚で、かなりの生産物をせっせと彼らに直送していた。ところが、室町あたりから、そんなにお人よしではなくなってくる。地方の豪族たちは力のない都の貴族や寺社に、「なぜ、俺たちの生産物を送らなければならないんだ」と思うようになる。

猪瀬　要するに鎌倉時代にも、律令制度に基づいて国司が任命され、形式上はその国を統治・支配していて、武士たちは実質的に現地を統治しつつ、国司などに年貢を送る「バカなこと」をやっていたけれども、「銭の力」に依って立つ新たな豪族たちは、それをしなくなったということですね。

磯田　律令制度のときに派遣された国司は、鎌倉時代になると一人もといっていいほど、その任国にはいません。現地には赴かない「遙任」です。現地を取りしきっているのは、地元の豪族です。

では、もし税金を地元の豪族が払わない場合、誰が朝廷や寺社に払うかというと、鎌倉幕府が任命した「守護」なのです。鎌倉幕府が守護に「払ってやれ」と命じる。

猪瀬　「守護」と「地頭」は鎌倉幕府が設置したものですね。このことについては東京大学教授の苅部直さんがわかりやすい説明をしておられます。

〈本来の律令制度によれば、地方の統治は朝廷が派遣する国司によって行なわれるはずのものであった。しかし、朝廷において私利私欲による人事が横行するようになった結果として、上位者に賄賂を贈って国司の位を得て、しかも自分は現地に赴かず、代理人である目代《もくだい》に任せたまま、徴収した「租税」によって私腹を肥やすような風俗が、公家たちの間で蔓延するようになった。それに対して地方統治の立て直しという名目のもとで、源頼朝は事実上の地方長官である守護を全国に任命する権限を得た。（中略）朝廷が官吏を地方へ派遣して統治させる体制が、事実上終わりを迎え、強力な武士が地方を分割統治し、その地位を世襲する体制ができあがったのである〉（『「維新革命」への道』新潮選書）

つまり、国司の制度が形骸化したことに乗じて、源頼朝が武士の権利を認めさせたということですね。

「守護」は、当時六十余あった国ごとに置かれて軍事・警察権を所轄し、「地頭」は各地の荘園や公領（国衙《こくが》領）に置かれて年貢の徴収や土地の管理を担当したわけです。僕が子供のときには、鎌倉幕府の成立は、源頼朝が征夷大将軍に任命された一一九二年とされ、語呂あわせで「イイクニつくろう鎌倉幕府」と教わったわけですが、最近は朝廷から「守護」「地頭」の設置が公認された一一八五年をもって鎌倉幕府の始まりとし、「イイハコつくろう鎌倉幕府」と教わるそうですね。「国司」や「郡司」はもちろん律令制に基づいた官職ですが、「守護」や「地頭」は官職にあたるのかどうか微妙ですね。

磯田　朝廷が定めた官職ではなく、鎌倉幕府から「守護職」という役職をもらっていると理解するといいでしょう。では、「守護」はどのようなことをしてくれるのか。

たとえば私が京の都の有力な寺院のお坊さんだったとしましょう。もちろん各地に荘園を所有しているわけですが、その地元の豪族がひどくご無体な人で、私に荘園年貢を払ってくれない。このとき守護に「強制執行してください」と頼むのです。

ところが、いまの警察とは違って、「守護」は頼まれたからといって、強制執行してくれるとはかぎりません。それどころか守護やその配下（被官《ひかん》）のなかには、その荘園の年貢を自分たちのものにしようとする人たちが現われてくる。「この米は俺の住んでいる土地の米だ」ということで、だんだんと年貢を送ってこなくなる。

最初は米俵を五〇俵送っていたところが、やがて一〇俵になり、さらには一俵になる。最後は一俵もやめて、扇子を一本送ればいい、干し柿を送ればいいとなっていく。都に送られてくる年貢はどんどん細っていく。

これが室町時代にはさらにひどくなり、とくに応仁の乱以後は、完全に地方の時代になります。昔は自分たちがつくったお米を中央にいる天皇や神社やお寺に送ることが、半ば信仰のようになっていた。そうしなければ罰《ばち》があたると思い、ほとんど祭事のようにしていた。ところが、そのバカバカしさにだんだん気づくようになる。地元で「武力＝実力組織」を持っている権力が、「この土地は俺が目を利かせているから俺のものだ。なにも都に年貢を送るには及ばない」といって地元で富を集積し、大量の武器を確保して、実力を蓄えていく。こうして「守護大名」さらに「戦国大名」と呼ばれるように成長していくのです。その下の豪族「国人《こくじん》」たちも同じで、めいめい武力を蓄え、実力で土地を支配するようになります。

新興勢力の権威渇望を結集して生まれた後醍醐政権

猪瀬　そうなると、もはや律令国家時代から培われてきた朝廷の権威や、京の有力神社仏閣の権威がなくなってしまうということになりそうなものですが、単純にそうともいえないところがおもしろい。

磯田　おっしゃるとおりで、たとえば不思議なのは、荘園の年貢を横領する人たちも、「何々右衛門」や「何々左衛門」などと、律令制度の役職に基づいた名前を名乗ろうとするのです。「右衛門」「左衛門」という言葉の語源は、律令に基づいて設置された宮城の守衛を行なう「衛門府」という役所の名前です。はては百姓のレベルまで「何々右衛門」と勝手に名乗るようになる。さらに、ちょっとした小城を持つぐらいの人は、「備前守」などと朝廷の許可なく名乗りました。「守《かみ》」というのは国司の官名で、「守」が長官、「介《すけ》」が次官を意味します。つまり、勝手に「守」を名乗る人は、国司を僭称《せんしょう》しているということです。

前章で『芋粥』の話が出ましたが、平安時代が官選派遣知事つまり中央から派遣された知事が強かった時代だとすると、中世は市会議員や県会議員レベルの人たちが中央に国税を納めず、土豪として勝手に「俺が知事だ」などと名乗りはじめた時代なのです。これは鎌倉末期頃から、どんどん激しくなっていきます。

猪瀬　つまり、新しく台頭してきた人びとにとっても、自分たちの存在を位置づけ、権威づけてくれるのが天皇だったということですね。天皇の権威に基づく「官名」で、自らを飾ろうとしていたのですから。そして、そのような人びとの力を結集することで幕府を倒し、天皇親政を実現しようとする天皇も出てくる。それが後醍醐天皇です。

鎌倉幕府が滅亡するときに後醍醐天皇方について活躍した楠木正成《くすのきまさしげ》や名和長年《なわながとし》などは、まさに新しく台頭してきた実力者、すなわち一風変わった「異色の実力者」でした。楠木正成を出した楠木家は、運輸業・流通業をおさえて力を蓄えていったという説があります。後醍醐天皇による建武の新政は、後醍醐天皇が運輸業者や流通業者、あるいは天皇に勅許をもらって商売している職人集団の力を結集して、土地を武力で支配していた鎌倉幕府（の御家人）勢力に拮抗しようとした話だとも理解できる。

網野善彦さんは『異形の王権』（平凡社）で、まず佐藤進一さんの『日本の中世国家』（岩波現代文庫）を紹介して、

〈佐藤によれば、後醍醐の政治、人事は、王朝国家の体制として定着していた「官司請負制のオール否定」、官位相当制と家格の序列の破棄、「職の体系」の全面的な否定であり、古代以来の議政官会議―太政官の公卿の合議体を解体し、「個別執行機関の総体を天皇の直接掌裡に入れること」を「最も基本的な改革目標」としていた〉

としつつ、

〈十三、四世紀には、なお呪術的な意味も色濃く持つ貨幣の「魔力」が人々の心をとらえ、供御人《くごにん》、神人《じにん》、寄人《よりうど》等、商工民、金融業者の活動も著しく活発化していた。その間に、前述したような「異類異形の輩」を排除、抑圧しようとする動向と、それに強く反発し、あるいはそれを積極的に肯定する動きとの対立も激化、一方では大寺社の頻々たる嗷訴《ごうそ》、他方では悪党、海賊の跳梁をよびおこし、幕府も朝廷もその対策に腐心しなくてはならなかったのである〉

と状況分析をしたうえで、

〈後醍醐はまさしく「大乱」への道に自らを賭けた。可能なかぎりでのあらゆる権威と権力——密教の呪法、「異類」の律僧、「異形」の悪党・非人までを動員し、後醍醐は新たな「直系」の創出、天皇専制体制の樹立に向って突き進んだのである。危機はそこまで深刻だったのであり、その実現は尋常一様な手段では到底不可能であった。「異形の王権」はこうしてその誕生への道を歩みはじめる〉

と書いています。非常に興味深い分析ですが、楠木家が運輸業・流通業をおさえて力を蓄えていったのだとすれば、それは網野さんがここで述べている「貨幣の魔力」で活動を活発化させている商工民・金融業者の力を背景とした「悪党」にほかなりません。後醍醐天皇は、そのような新しい実力者たちの力を結集して幕府を倒し、新しい王権の樹立、「建武の新政」を行なおうとしたのです。

磯田　ええ。鎌倉末期の戦乱で活躍した楠木正成も名和長年も流通に携わっていました。流通をおさえていますから、情報収集にも長《た》けている。軍勢を輸送するのも得意です。こういう人たちによって、後醍醐天皇はじめ権威ある人びとが神輿《みこし》のようにかつぎ上げられた。

鎌倉幕府末期から南北朝期の動乱においては、さらに各地方の豪族も、権威ある武士をかつぎ上げて、自らの権益拡大を図ろうとします。後醍醐天皇に叛旗を翻して一度は敗れた足利尊氏《たかうじ》は、九州に落ち延びてその地の豪族たちにかつぎ上げられて再起します。『神皇正統記』を著した北畠親房《ちかふさ》の息子で、東北に赴任していた北畠顕家《あきいえ》も東北の豪族たちに祭り上げられた。彼らがみんな都を目指して入京するというかたちでの戦いが、南北朝の動乱です。

猪瀬　わかりやすくたとえれば、後醍醐天皇、足利尊氏、北畠顕家らをかついだのは、地元の県議会議員、市議会議員、運輸業者などに相当する地方の実力者たちだということになりますね。そのなかで最も地元の流通業者や新領主、豪族たちの気持ちをとらえ、政権をデザインする能力を持っていたのが足利尊氏だった。他の人たちは、わかっていなかったのでしょう。

磯田　いっぽう後醍醐天皇は、先ほど猪瀬さんがおっしゃったように、建武の新政で律令制度を復活させようとし、さらには律令制度すら飛び越えて、中国が宋の時代に行なっていた非常に強い中央集権体制をめざそうとしました。すでに地方に権力が分散している時代で、それを前提に中央政府のデザインをする必要があったのに、最も反対の方法を採ったといえます。だから「建武の新政」は、短期間で終わってしまったのです。

幕府も暴力団も、直参の構成員は案外少ない

磯田　足利尊氏は、じつは自前の軍隊の規模はそれほど大きなものではありませんでした。足利将軍家のうち、最も強かったのが三代将軍の足利義満の時代ですが、それでも直属の軍隊はほとんど持っていない。せいぜい「奉公衆三千騎」といわれる程度です。

足利家はもともとは清和源氏の流れを汲む家柄で、鎌倉幕府に従う御家人のなかでも比較的大きな規模の軍勢を擁《よう》していました。つまり鎌倉幕府は、近代国家のように自らの下に強大な直轄軍を持っているのではなく、おのおので武力を有する御家人の集合体に支えられている政権だった。ですから彼らがいっせいに叛旗を翻すと、あっという間に滅びてしまう。

ちなみに鎌倉幕府は清和源氏の嫡流が継ぐという触れ込みでしたが、実際にはお互い殺し

あうなかで、源頼朝の直系は三代将軍・実朝の時代で途絶えてしまう。その後は頼朝の妻の実家である北条氏が実権を握ることになりました。ただし祭り上げる権威が必要なので、皇族や藤原五摂家の人たちを呼んできて、かたちばかりの将軍に仕立てた。そして実権は、北条氏のなかでも最も強い勢力である得宗家《とくそう》が「執権」として握っていたのです。

この体制に不満を抱いていたのが、足利氏をはじめ源氏の流れを汲む人たちでした。源氏の血筋である自分たちこそ将軍になる資格があると自覚している人たちが関東に数家あった。足利氏、新田氏、佐竹氏などがそうです。ただし新田義貞を出した新田氏は、家筋としては悪くないけれど、領地や家臣団をあまり持っていなかった。彼らのなかで最も大きな力を持っていたのが足利氏でした。

猪瀬　足利氏に伝わる「不満」として有名な逸話がありますね。足利尊氏の祖父にあたる足利家時は自害していますが、その死を巡っては、「先祖にあたる源義家が『我は七代の子孫に生まれ変わって天下を取る』という置文を遺していて、七代目にあたる家時がそれを成就できなかったことから『我が命を縮めて、これから三代のうちに天下を取らしめ給え』と八幡大菩薩に祈願して切腹した」という伝承が残っています（『難太平記』）。この伝承の信憑性は疑わしくもあるようですが、しかし、そのような気分があったとしても何ら不思議ではありません。

その足利氏が、鎌倉幕府を倒した後、京都に幕府を置いたのはなぜでしょう。

磯田 足利尊氏が地元の関東で政権を樹立しなかった理由は、はっきりしています。足利尊氏に敗れた後醍醐天皇が、吉野に籠もってなお勢力を保持しているのに、自分たちが関東に戻って幕府を開いたのでは、後醍醐天皇の勢力に京都を再び制圧されてしまう。だから京都に幕府を開かざるをえず、鎌倉には関東を統治する機関として鎌倉府を置いたのです。

室町幕府を開くにあたって、尊氏に味方してくれた畿内に近い国の有力豪族は、近江《おうみ》の佐々木氏、播磨《はりま》の赤松氏らです。この一〇家たらずの家々が、「三管領四職」となります。味方した豪族のうち三家は中央政治に関与する「管領」となり、四家は軍事・警察機構である侍所《さむらいどころ》の頭人《とうにん》を指す「職」となった。つまり七家程度しかいなかった。

尊氏は彼らを江戸時代風にいえば、家老扱いにして、彼らの評議による連合政治体制をつくった。そして戦争の際には、彼らが地元の豪族を引き連れて、室町幕府軍を編成する方式を採ったのです。そして「奉公衆」と呼ばれる自分の直轄旗本部隊は、最盛期でも三〇〇〇騎しかいなかった。

猪瀬 直轄で率いている兵力が三〇〇〇騎というのは、現代的な感覚だと圧倒的に少ない。つまり「権力＝武力」が地方に割拠していて、中央の権力は強大なものではなかった。
磯田 鎌倉幕府もそうで、はじめ直参の御家人は一〇〇人ぐらいです。おかしな比較ですが、じつは暴力団の山口組も直参の構成員は一〇〇人ぐらいだそうです。二次団体や三次団体があって、こちらが大半を占める。同様に鎌倉幕府も、一次団体たる直参御家人は、当初は一〇〇人ほどしかいなかった。鎌倉幕府はかっこよく見えますが、暴力団体という点では構造が似ています。

なぜ室町幕府はグダグダになっていったのか

猪瀬 鎌倉幕府が「守護」を設置した話をしましたが、室町幕府になると「守護大名」と呼ばれるようになります。「大名」とは、大きな「名主」というほどの意味です。そして室町幕府は守護大名の連合政権のようなかたちになる。その場合、足利家の正統性はどこに求められたかということになりますね。
磯田 やはり天皇から任命された「征夷大将軍」であるということです。ここでおもしろいのは、鎌倉幕府の場合は、遠江《とおとうみ》以東の御家人に交代で「鎌倉大番役」という、いわば鎌倉幕府のガードマン役を担わせていたのに対し、室町幕府は、守護大名には何カ国もの守護を兼任させる一方で、地元行政は一族で分担させて、宗家はしばしば京都に居住させたことです。「守護在京制度」と呼ばれるもので、これが室町幕府を支えていました。

だから有力守護大名の領国は、みんな京都に近いところばかりです。滋賀県の佐々木、兵庫県の赤松、徳島県の細川のように。それで在京の有力守護大名たちが合議で決めていくのです。この形態が応仁の乱まで続きます。

このような政治体制の一方で、京都で残っていた「官司請負制」も続いていました。

猪瀬　つまり、土地を武力で支配する「守護」など実質的な部分は、鎌倉幕府や室町幕府が統制していたわけだけれども、それとは別に天皇は免許を与え続けてきた。「家元」的な免許を与えることで、土地を支配しない人たちに生業の保証を与えていたということですね。他方、土地の部分についても、実質的には将軍が支配していたけれども、権威づけ的な部分では天皇が役割を果たしていた。

磯田　ところが、応仁の乱の後、「守護在京制度」が崩れます。このあたりは呉座勇一さんの『応仁の乱』（中公新書）が詳しい。応仁の乱をきっかけに全国に戦乱が波及し、守護大名がみんな京都からいなくなってしまいました。京都にいたら、領国を治めさせている自分の一族に、その地をかすめ取られてしまいかねません。こうして戦国時代に入っていくのです。

もっとも、応仁の乱の直後はまだ、守護在京制度が壊れても、それでも室町幕府は権威としては存在し続けていた。しかし足利の一五代いる将軍のうち後半ぐらいから、将軍自身が京を離れ、放浪を始めていきます。もちろん三〇〇〇人いた奉公衆も自分の所領を守るばかりで同行しません。足利義昭の頃になると七、八〇人しか供連れがいなくなります。しかも都に入れないから、旅から旅へと移動しながら、都の周りをウロウロする状況になるのです。

猪瀬　将軍の権威が落ちていったいっぽうで天皇の権威も下がっていってしまったのがこの時代ですね。南北朝で天皇家が二分された時代状況の後ですから、もちろん天皇家の権威も、以前のようなものではありえなかった。南北朝を統一したのは、結局、室町幕府三代将軍・足利義満の武力だったわけですから、天皇の権威は落ちざるをえません。

磯田　おっしゃるとおりで、本来は天皇が将軍をつくるのですが、実質的には将軍が天皇をつくるようになっていた。そして天皇の権威が低落するなかで、京都に二つの御所ができあがります。天皇のいる御所のほかに、室町将軍のいる場所も「御所」と呼ぶようになるのです。こちらは室町にあって、「花の御所」と呼ばれました。

しかも義満の頃になると、婚姻政策を通じて足利家は公家との交流を深め、将軍が高位の公家とほとんど同じ姿をするようになる。するとどうなるかというと、たとえば日食や月食が起きたときに、室町将軍の御殿も、菰《こも》で覆うようになります。もともと日食や月食の汚《けが》れた光から地上の「神聖」である天皇の身体を守るため、天皇の御所の横の壁面を菰で覆っていたのですが、それを真似るようになるのです。

これは、明らかに変ですよね。そもそも武士というものは、鹿や猪、ときには人間さえ狩りとる、血みどろの人びとであるはずなのに、室町になると、あたかも「清純な存在」であるかのように扱われるのですから。

猪瀬　やはり京都にいると、京都化されるということですね。鎌倉的な征夷大将軍のような存在にはならない。逆にいえば、そういう意味においては、やはり天皇の権威の源泉は非常に強いとも理解できます。つまり、天皇の権威の磁力によって、京都で天皇の間近にいると武士もそちらに引っ張られていってしまう。

磯田　室町時代を考えるうえでのキーワードは、「権威や権力の併存」であり、かつ「競合状態」です。そもそも皇室においても南北朝の併存があったわけですし、室町幕府の内部でも、「観応《かんのう》の擾乱《じょうらん》」での兄・足利尊氏と弟・足利直義の対立など、初めから大いに荒れ模様で、まさに権威や権力があちこちで併存していた。横同士、つまり兄弟同士で争ううちはまだ並列的ですが、下の者が上の者と競合しはじめたら「下克上」になります。

するると、やがて守護大名の地位も一族のなかで競合するばかりか、下克上さえ繰り広げられ、その座を巡っての争いが激しくなる。惣領制が崩れて、「本家がトップに立つ」という縛りが緩くなり、分家が割拠していく。各地の大名たちは、農民からの年貢の上前をはねる権利を奪われないために、ただひたすら武器を蓄えて、家来を出仕させ、隣の豪族を討ち、自分の領土を広げる時代になっていく。こうして戦乱の世が始まっていくのです。

しかも、当時は日本全国で六十余州あったわけですが、そもそも室町幕府は、特定の守護大名に多くの国を与えすぎていました。山名氏などは一一カ国の守護職を一族で占めていたので「六分の一殿」と呼ばれていたほどです。このあたり、やはり室町幕府は奇妙といわざるをえない。日本の六分の一の領域を一つの家に与えたら統制など効くはずがありません。結局、室町将軍は権威化して公家化し、暴力装置としての機能は有力守護が持つようになっていくのです。

「所領安堵」や「新恩給与」の地方分散化

猪瀬　本来、建武の新政によって鎌倉幕府が支配していた東半分と朝廷が支配していた西半分が統合され、より大きな支配が可能になったはずです。しかし、後醍醐天皇が過激な中央集権制を目指したがために、すぐに政権は立ちゆかなくなり、結局、足利尊氏が叛旗を翻して室町幕府を建てることになる。足利氏は北朝の天皇を立てて、もう一回再編成しようとするけれども、そもそも南北朝という異例な事態が起きているわけですから、本源的に、その権威は大幅に失われてしまった。

磯田　そこで起きたのが、「所領安堵」や「新恩給与」の地方分散化です。所領安堵は、もともと持っていた領地を保証し安堵する、つまり安心させることです。新恩給与は、功績のあった者に新たに領地を与えることです。これらは本来、鎌倉将軍や守護の仕事でした。しかし、そのような行為を、地元の力の強い人が勝手にするようになった。貫高制に基づき「知行宛行状《あてがい》」という証文を与え、領地の保証をするようになるのです。こうなるともう「暴力こそが権威」となります。必ずしも朝廷の官職や、室町幕府の役職に就いている必要はなくなるのです。

猪瀬　極端な話、山賊みたいな者でもいいということ。

磯田　そうなのですが、でも「知行宛行」といった形式は踏襲するのです。たとえば「三〇〇貫の土地を渋谷村のなかに与える」という証文を書く。地方に住んでいる強力な豪族が、室町幕府の守護でなくても、朝廷の官職に就いていなくても、「お前が家来になるなら、お前の領分は俺が守ってやる」と保証する。

猪瀬 そうなると権威もへったくれもなくて、ただ力を裏づけとした保証ということになりますね。そのような室町時代の時代状況のなかで、朝廷、すなわち中央の官僚組織はどのようなかたちで存在していたのか。

磯田 それこそ「官司請負制」というかたちでながらえていました。朝廷にお金がなくなった結果、朝廷からお金をもらうのではなく、家元制のようにして朝廷の「暦の家です」などと称してその家芸で金銭をとって、かろうじて朝廷を維持していたのです。天皇も官位の家元といってよく、位階を与えて、見返りに収入を得ていました。

「役」の徴収により凝集力の強い権力が生まれた

猪瀬 世襲の権威は脈々と続いているのだけれど、土地については武力の強い者が持つという、実力主義の弱肉強食の世界がある。この明確な二分化は興味深いですね。この二つの位相の違いは、やはり社会のあり方にも大きな変革を迫ってやまないはずです。

磯田 その大きな契機は、実力主義でのし上がってきた各地の権力者たちが始めた、「役」

の徴収です。

中世は「職の体系」といわれます。「官司請負制」もそうですが、権力者が主として皇室の権威を背景として「職」を与えることによって、サービスを提供させたわけです。鎌倉幕府が守護職、地頭職を与えたのも同様の構造です。

しかし、地方の実力者には、そのような権威はありません。そこで、「俺の領国内にいるかぎりは、このような『役』を提供しろ。そうすれば領国内での安全は保障してやる」というようにして、いわば、みかじめ料としてのサービスを要求するようになるのです。

手下になった武士に対しては「軍役」という役を提供させます。農民の役は第一に年貢です。相手が漁師なら、魚を持ってくる役を与える。船頭なら船を漕ぐ役、猟師なら獲った獲物を持ってくる役、革細工職人なら革細工の武具を持ってくる役など、それぞれの職に応じて物やサービスを納めるよう要求する。町に住んでいる人なら、地代を払わせる。そうして地域権力ができていく。

特筆すべき点は、それまで卑視されていた身分もふくめて丸ごと領民に何らかの「役」サービスを課したことです。これで、ものすごく凝集力の強い権力が生まれた。だから戦国大名の権力は強大なのです。

実際、役でいちばん重要なのは役をまんべんなく負わせたことです。かつては領地をもらった武士が、「御恩」として奉公するのは当然でした。しかし、近世が近づくにつれて、あらゆる職業階層の人たちに義務を課すようになったのです。

猪瀬　「『役』を果たせば職業を保護する」というかたちをとれば、自然に産業の多角化が進むようになります。ということは、室町時代に、人びとの暮らしはよくなっていった。

磯田　地方や民の力は、すごく上がっています。社会の不安定さのなかで、民の力が上がっていくのです。平安時代に広大な荘園を有していたのは、貴族や寺院などです。貴族は、いってしまえば非生産的な存在です。また寺院には高度な知識教育はありますが、これは宗教であって、基本的に生産的な産業ではありません。

かつては、そのような非生産的な宗教組織や貴族へと資源が流れていたのですが、このパイプが室町時代に寸断され、地方で地産地消されるようになった。さらには各国の大名は、自国を強大にするために、用水を掘ったり、積極的に鍛冶職人など各種の職人を招致したりした。これによって生産物が地元に集積されるようになった。

日本において資本制が発達し、産業が展開していくための、大きなきっかけとなりました。いわば、新産業が生まれるところに資本が回る社会になりはじめた。それが南北朝から室町にかけての流れで、日本近代化のあけぼのは、この時代にあるのです。

猪瀬　なるほど。物をつくる人の手元に資本が残る状態でないと、きちんとした産業社会はできません。そのきっかけが応仁の乱で、そういう広い目で見ると、この時代は悪いことばかりではなかった。

磯田　都の寺社や貴族の無駄遣いに産物が流れなくなり、地方の生産者のもとに産物が残り、産業を起こしやすくなりました。ただ、この次の段階になると、豊臣秀吉のような強い権力が、その地元の富を根こそぎ奪っていく時代になる。

猪瀬　ある意味、朝廷による「公」という仕組みから、「新しい公」の仕組みに転換する過程ともいえます。

「宗教卓越国家」から「経済卓越国家」へ

磯田　平安時代の朝廷は権威だけの存在であり、反対給付はほとんどしませんでした。なにしろ『源氏物語』の時代の貴族は、地方で疫病が発生しても、医師団を組織して派遣するわけでもなければ、病院を建てるわけでもない。「賑救《しんきゅう》」と呼ばれる、いささかの食料支援はしますが、それも完璧ではない。『方丈記』にあるように、川にたくさんの死骸が浮くのが平安や鎌倉の社会です。

猪瀬　代わりにお寺が慈善事業をやったわけですね。そして、そのお寺も広大な荘園を経営していて、膨大な富を集積していた。

磯田　そういうことです。私はそのような社会を、「宗教卓越国家」と呼んでいます。室町時代の後半から安土桃山時代にかけて起きたのは、そのような宗教卓越国家からの脱却なのです。

大名に「役」を提供しさえすれば守ってもらえるわけですから、経済力や武力をしっかり持ってさえいれば、必然的に宗教や権威といったものは否定されていく。それで「宗教卓越国家」から「経済卓越国家」になっていくのです。

猪瀬　かつて朝鮮半島の百済《くだら》や大陸の隋、唐などから仏教が伝わってきて、法隆寺などお寺をいっぱい建てた時代は、宗教はたいへんな権威でした。建築技術など科学の粋が集められた。しかも、そこに天皇の権威が重なっていた。風土に根ざした神様としての天皇に、仏教という洗練された先進文化を付け加えた。その舶来の威光をまた人びとは素朴に信じていた。その意味では、大きな転機となるのが鎌倉仏教ですね。

磯田　民衆への布教を禁じられていた仏教を、民衆にも布教するようにした。それが鎌倉仏教だと私は思っています。いわば仏教の民衆布教版が、鎌倉仏教。それまでの仏教は、極言してしまえば国家鎮護のための知的機能、大学的機能や図書館的機能を用意していたにすぎない。ものすごく真面目に哲学化された内容で、民衆がわかるようなものではなく、御利《り》益《やく》が得られるようなものでもない。

そこへ個人の幸せや安心立命を願う、民衆個人に仕える仏教が、平安末期から鎌倉時代にかけて登場してくる。本当の意味では、鎌倉になって初めて日本人は仏教に出会えた。

猪瀬　昔は巨大な建物といえば、お寺しかありませんでした。奈良の大仏や伽藍も含めて。欧米の大きな教会を見ると、天井にまでミケランジェロが絵を描いたりして、とても崇高で広がりのある空間になっています。ちょっとした小宇宙を感じますが、お寺にも似たところがある。

磯田　なぜ、それが成り立つかといえば、高度な知識や技術を宗教側が独占しているからです。測量術も地方では寺しか持っていなかったから、真似しようとしてもできない。香川県に空海が改修したことで知られる満濃池《まんのう》がありますが、これだってお寺にしか造る技術がない。お寺は工学部でもあり、ゼネコンでもある。宗教側がそのような知識を独占した状況にあった。

しかし、これは考えようによっては恐ろしいですよ。津々浦々に生まれる頭のいい子をみんな寺が吸い取って、独身のまま子孫を残させない。知識や技術が産業よりも宗教に使われて、しかも、寺社に独占されている。しかも、民のための土木工事などは寺院の本来的な仕事ではありませんから、行基や空海のような、よほど志のある人でないと池を造ったりしてくれない。生産は発展しないから、人は飢えて死ぬ。死が身近になると、来世を願えといってまた寺に金品や人材が集まる。これが中世の負のスパイラルです。産業面ではね。

猪瀬　乱暴にいってしまえば、仏教はじつはＤＮＡレベルで日本人を劣化させかねなかったというわけですね。たしかにそれは、宗教卓越国家の意外な落とし穴かもしれません。

なぜ「織田信長」が登場したのか

猪瀬　鎌倉仏教というと、一向宗などは自分たちの領地を持つようになりますね。かつては天台宗や真言宗といった国家仏教が荘園を持っていたのですが、土地の所有もどんどん庶民化したということでしょうね。そしていまの磯田さんの言葉を用いるならば、「宗教卓越国家」から「経済卓越国家」へと移っていき、やがて戦国時代を迎える。

磯田　戦国時代の信長型の組織の特異性は、中央集権型だったところです。幕府にも守護にも裁判所機能がなくなり、地方の権力者たちが裁判を手掛けるようになったとき、いくつかのタイプができた。

朝尾直弘さんをはじめ京都大学の人たちが解明したものですが、一つは安芸の毛利家のように領内の国人や豪族たちが集まって、みんなで決めるパターン。いっぽう広大な平野のある地域では、中央集権的になりやすいのです。濃尾平野で権力を持った信長も、このパターンです。逆らう人間が出たとき、山に籠もってゲリラ戦をするといったことができないので、信長は「自分のほうに足を向けて寝るな」と命じる。「刺さざるように」と表現していますが、そのような体育会系の縦型の家臣団をつくった。

要は地域の町内会のなかで軍事指揮が上手な人を選んでリーダーに祭り上げている体制と、平原の真ん中にある清洲や名古屋のようなところで強烈な縦型に編成された体制とがあった。結局、縦型の組織のほうが動きがよく、天下を取ることになるわけです。信長も秀吉も家康も、今日の愛知県から出ていますから、やはり濃尾平野にあった文化・伝統が、天下を制するのに適していた。一つには東国の武士の伝統があり、都に近いことで経済的にも豊かだった。交通の便もよい。濃尾平野という土地柄の中央集権的な気風も有利に働いた。

猪瀬　当時の関東平野は、利根川が江戸に流れ込んでいたりしていましたから、必ずしも耕地に適していたわけではありませんでした。それを江戸幕府が大規模な土木工事を行なって、銚子方面へ流れるように川筋をつけ替えて豊かにしていったのです。鎌倉幕府は鎌倉から伊豆の間だから、相模湾沿いの狭い土地にすぎない。比較したとき、たしかに濃尾平野は大きい。大坂も淀川はあったけれど、後で埋め立てて広くなっただけで、それほど農耕に適している土地ではなかった。

磯田　都に上ったら天下が取れるのなら、より都に近い琵琶湖周辺や奈良盆地、大阪平野あたりから、天下を取る強い大名が出てきてもおかしくありません。しかも、このあたりの大平野がいちばん豊かなはずです。それなのに出なかったのは、あの地域は、宗教の権威が強力に残っていて、荘園の年貢を納めなかったら、僧兵などを使って寺社が取り立てにくるのです。だから地元の権力が成立しえなかった。しかも宗教卓越的な世界観が強く残っているから、誰か一人、強い大名を祭り上げる発想もない。

だから畿内と呼ばれる、いまの近畿地方は縦型社会になりにくく、あそこからは大大名も生まれなかったのです。

猪瀬　思えば、平清盛が都を造ろうとしたのは、貿易港だった大輪田泊《おおわだとまり》の近くです。大輪田泊は現在の兵庫県神戸市だから、瀬戸内海でいちばん行きやすい。これもまた濃尾平野と似た、覇権を取るのに適した場所です。もし播州の平野がもっと広かったら、黒田如水《じょすい》が信長になったかもしれませんが、あのくらいの大きさでは無理でしょう。しかも東国の武士の縦型社会の伝統が播磨にはない。だから黒田如水は天下人になれない。信長はなれる。「平野の大きさ」と「東国の武士の伝統を持っているか」の違いです。

もう一つ大事なのは、「天下」という概念を持てるかどうか。応仁の乱の頃は、まだなかった。しかし信長は、有名な「天下布武」という朱印を用いたことに象徴されるように、明確に「天下」ということを意識していました。

磯田　最近、「『天下』とは、日本全土を示していないのではないか」という議論も出ています。「京都に近い場所だけではないか」という意見も有力視されています。とはいえ、この時代の人が「天下人」といった場合、「六十余州を統《す》べる者」という認識があった気はします。信長も、それは意識していたのではないでしょうか。

大名たちが「楽市楽座」を行なった動機

猪瀬　産業の発達ということで楽市楽座の話に入りたいのですが、楽市楽座といえば信長の名前がすぐに出てきますけれども、これは信長の発明ではありません。簡単にいってしまえば、それまでの経済活動は特定の「座」や「株仲間」などといった商工業者の組織が、独占販売権を握ったり、権力の介入を拒否する「不入権」などの特権を持ったりして、既得権に守られつつ行なっていたのに対し、「楽市楽座」では、それらの既得権を排して、自由な経済活動を行なわせるようにしたのですね。

もちろん、そうすれば経済は活性化するでしょうが、しかしその場合、大名はどのようにして見返りを得ていたのでしょうか。独占販売権を保証してやることで見返りになにがしかの金銭を要求することは、とてもわかりやすいかたちです。それに対し、大名たちは、なぜ楽市楽座を行ない、そこからどのようにして利益を手にしたのか。

磯田　楽市楽座を行なった信長が、では商工業者たちに「役」を課さなかったのかというと、じつは信長もずいぶん課しています。これは信長が、産業を発展させて自分の力を大きくしようと思っていたのだと思います。城下町はいろんなものが必要ですし、「役」により徴収したもので力を蓄えようとした。

猪瀬　ところで「座」は、同業者組合に商売する権利を与える、一種の免許制度ですが、では中世においては誰が「座」を認め、それによって上納金を得ていたのでしょう。

磯田　座が上納金を納める先を「本所」といいますが、多くは宗教施設でした。たとえば油の座なら、大山崎にある八幡宮が本所、魚なら摂津今宮が本所といった具合です。その座を解体すると、本所になっているお寺やお宮にお金が流れなくなります。そこで戦国大名は座を解体し、新たに自分たちが「役」を取るようにしたのです。

猪瀬　なるほど、座を認めていたのは戦国大名ではなく、有力な神社仏閣などの宗教組織だった。そこをおさえると、大名たちが積極的に楽市楽座をやりたがった動機が、さらによく理解できます。

磯田　そうです。座の解体によって商人のお金が宗教組織のためではなく、戦争や耕地開発や用水開発に使われるようになる。収入面でも、宗教卓越国家が壊れていくのです。

猪瀬　網野善彦さんの『無縁・公界・楽』（平凡社ライブラリー）を読むと、「公界」という空間が中世の日本にはたくさんあった。この「公界」とは権力が介入せず自治的にやっていい場所というイメージです。「無縁」や「楽」もそう。この本の副題は「日本中世の自由と平和」ですが、戦国時代や動乱の時代であっても、そういう空間がある種の暗黙の掟のようなかたちで存在したのです。流通もその一つだったということですね。そしてお寺も、公界の一つだった。

磯田　堺の町が鉄砲づくりで栄えたり、自由都市として栄えたりするのも、あそこが国《くに》境《ざかい》だったからです。和泉《いずみ》国と河内《かわち》国の境目で、境目は境界線だから誰のものでもない。そこだけが無法地帯や無縁地帯となり、誰もがやって来る。

大山崎の油座も、木津川と宇治川と桂川が合流する場所で、山城《やましろ》国と摂津《せっつ》国、いまでいえば大阪と京都の県境です。だからこそ市ができる。国境と渡河地点に商業の要地が立地するというのが、中世・戦国期の姿です。

たとえば、広島県福山市の芦田川の流域に鎌倉時代から室町時代にかけて草戸千軒と呼ばれた町が栄えました。草戸千軒から吉井川を越えると備前福岡があって、そこでも市が立っている。大山崎みたいな国境にみんなが集まって、そこに神社やお寺があれば「無縁」と称して、一種の準無税地帯ができる。守護は国単位で段銭《たんせん》を取るから、国境はどちらの国にも属さないアジール（自由領域・番外地）となる。外部権力に富を収奪されないグレーの地帯ができて、そこに宗教にものすごい影響を及ぼされた経済が生じたのです。

そういう特殊な経済は、インドにもあるかもしれません。日本の中世はインドに似ていると、京都大学で中世史を長く研究されている大山喬平さんがおっしゃっていました。だから中世史家って、インドにハマる人が多いのです。現在もインドは宗教卓越社会ですが、日本の中世社会もそれに似ているところがある。

猪瀬　無縁とされる場所では、宗教施設が経済を牛耳《ぎゅうじ》っていたということですね。お金のやりとりも、宗教施設がコントロールしていた。それを戦国大名が楽市楽座によって解放していく。すべての富が寺社に集中して、投資には回らないという姿を、戦国大名が大きく変えていった。

磯田　日本人は、結果的に、宗教卓越社会による貧しさから脱却するために、軍事暴力を選んだといえるかもしれない。非情な軍団、縦型社会、官僚制度といったもので宗教を圧倒し、あの世のことより現世利益を受け取れる社会を武力によってつくっていったのです。

多様で効果的だった戦国時代の税徴収システム

磯田　ここでおさえておきたいのが、これまで時の権力がいかにして税を徴収していたかです。なにしろ戦国時代は、人が流動的に動き回っていますので、徴税コストが非常に高い社会でした。そうしたなか、大名たちは自分の領地から、いかにたくさん物を取り上げるかを考えたのです。

いちばん単純なのは、家の軒に税を課す方法です。建物一棟ごとに税金を課す税を「棟別銭《むなべつせん》」と呼びました。

棟別銭より上級なやり方として、田んぼから一反いくらで取る「段銭」もありました。「守護段銭」は、守護は田んぼ一反あたりこれだけ取っていいと幕府等が定めたもので、それで守護は権力を維持していた。

猪瀬　生産量に応じて税金をとるのではなく、面積に応じて税金を取る。

磯田　戦国大名は段銭と棟別銭を主たる収入源としているので、人口が多ければ多いほど、家屋がいっぱい建つほど収入が増える。そのために最初は呼び水でもいいから、商人らに町に集まってもらおうとした。

もう一つ、道や海に関所を設け、関銭と呼ばれる通行税も取りました。ただし、これをあまりやりすぎると、その土地は栄えないのです。みんな迂回するようになるから。

猪瀬　織田信長が関所を廃止した話は有名ですよね。そのようにして流通を盛んにした。たしかに地方で群雄が割拠しているということは、多種多様な政策が違ったかたちで展開されていることであり、ある意味での「政策競争」が行なわれていることになります。その場合、人びとは最も都合がいい場所を積極的に選び、そこに移住してもいい。そこを含めて、完全競争というわけです。

磯田　だから、いい政策を行なって、たくさんの商人や職人たちが集まるようにすることが大事だった。

猪瀬　呼び水としての楽市楽座であり関所廃止だった。段銭や棟別銭、役などをうまく組み合わせることで効率的に税を徴収していく。あらゆる職業から取れるわけだから。

磯田　そうです。だから戦国時代は江戸時代よりも、実質的にずっと多くの職業から税を取っていたかもしれません。江戸時代は、税を取れない職業がたくさんあったのです。たとえば駕籠《かご》かきの人からは江戸時代は税を取りにくかったのですが、戦国時代はなんだかんだいって、労働に対しても広く課していました。

安土城と近江商人気質と比叡山延暦寺

猪瀬　いま見てきたような信長の楽市楽座や関所の撤廃などの自由化に基づく経済振興策によって、たとえば信長がおさえている都市は、どれほど栄えたのだろうか。

磯田　応仁の乱以前に一五万人いたといわれる京の都の人口も、どんどん減って五万人を切らんかとしていたものが、この時代は伏見も入れれば二〇万人を超えて、三〇万人を目指しはじめます。当時、世界でも三〇万人の人口を擁する都市は、ほとんどなかったでしょう。たとえばウィーンの人口は三万人程度、ロンドンも一五万人ほどでしたから、京はウィーンの一〇倍の規模を持っていたのです。そこは米作地域なので、小麦の地域に比べると人口密度が高いということもありますが。

当時、北京でも七〇万人程度です。一方の秀吉時代の日本は、京都が三〇万都市を目指すほどの中央集権へと向かっていくのです。ちなみに、一八〇〇年ごろ、江戸と北京が一〇〇万人都市で、これはロンドン九〇万人、パリ五五万人より多かったのです。いかに日本が中央集権かわかります。

猪瀬　織田信長は安土城も造っています。安土の城下町も大いに栄えたといいますね。当時、あのような天守閣のある城は、まだ珍しかった。

磯田　そうですね。安土城の天守はヨーロッパの教会を真似して造ったともいわれます。ふつう、天守はもちろん戦闘を意識して建てられますが、安土城の場合、いちばん高い天守に信長が住んで、麓にかけての傾斜地を家臣の屋敷が並ぶ城下町にしました。信長が室町幕府と決定的に違ったのは、室町幕府は一時は七、八〇人しか自分のお膝元に家臣を置かなかったのに対し、信長は城下町をつくり、家臣たちを領地から離して、ここに住まわせた。これを「城下集住」といいます。

猪瀬　安土は、当時の交通の要衝ですね。現在は干拓されていますが、琵琶湖の水際が足元まで迫り、安土城は琵琶湖のほとりに屹立している城でした。琵琶湖の水運も使えますし、京方面へのアクセスもいい。現在も東海道新幹線や東海道本線が近傍を走っていますが、主要な街道が交錯しています。なるほどよい場所です。

僕は『ミカドの肖像』（小学館文庫）で、西武グループ創業者の堤康次郎に代表される近江商人気質《かたぎ》とも呼ばれる才覚が生まれるきっかけについてこう書きました。

〈近江盆地は、周囲が山地に挟まれて、中心に日本一広い湖があるためドーナツ状を呈している。型どおりに説明すれば単純な構成だが、実感では、小さな箱庭のなかへ無理矢理に水を注ぎ込んだような理不尽さで巨大な湖が鎮座している。その湖の周囲は、古来から交通の要所であった。北陸、東山（中山道）、東海の東国三道のことごとくが湖に押されて縄をなうように交錯していた〉

近江商人の伝統は、こうした交通の要所、つまり情報と流通が集積する立地と無縁ではないし、武将として経営感覚にも秀でた信長もどこに城下町をつくれば情報的にも優位に立てるか心得ていたと思います。

磯田　当時の信長は北陸の一向一揆と戦っている最中で、上杉謙信と一向一揆が連携していることもあり、北陸方面に軍を送らざるをえなかったのです。近江を越えた伊賀国も、まだ抵抗を続けていた。さらに紀州国もまだ手に入っていない。そうしたなか、琵琶湖海運を十二分に活かせる安土に本拠を置けば、どこにでも早く行けるという軍事上の合理的な考えがあったのです。

猪瀬　信長は、比叡山延暦寺を焼討ちしていますね。足利義昭を奉じて上洛を果たした三年後、安土城の築城を開始する五年前のことです。比叡山延暦寺はそれこそ宗教卓越国家の象徴のような寺院ですが、信長はなぜ焼討ちをしなければならなかったのか。

磯田　都の北に要塞ができるのを恐れたのです。あそこに延暦寺があると、尾張・美濃方面から瀬田の唐橋を通って都に入るルートを遮断されてしまいます。いちばん怖いのは、延暦寺が他国の敵対勢力を比叡山に迎え入れることです。すでに延暦寺の僧兵にさしたる力はないのですが、他の大名があそこに籠もると大変だと考えたのです。

平清盛をはじめ歴代の武家勢力は皆、比叡山に手を焼いています。「武士の世」をつくる初代は、必ずといっていいほど比叡山とぶつかっているのです。

巨額の利益を生み出した秀吉の重商主義政策

猪瀬　そして信長が本能寺の変で斃《たお》れた後、紆余曲折を経て豊臣秀吉の政権が誕生するわけですが、秀吉は重商主義的な政策をどんどん行ない、莫大な富を手にしていきます。

磯田　秀吉の場合は徹底していて、戦って獲得した土地を気前よく分け与えてしまい、自分の手元の経済を潤すために重商主義政策を採りました。さらには鉱山をおさえ、貿易をおさえていくのです。

猪瀬　小和田哲男さんの『NHKさかのぼり日本史（7）戦国　富を制する者が天下を制す』（NHK出版）によれば、秀吉は全国に直轄領（蔵入地）を持っていて、価格差を利用して利益を生み出していたようです。その具体的な記録を小和田さんは紹介しています。秀吉が柴田勝家を倒した後、北国船《ほっこくぶね》で海運業を営んでいた豪商・組屋と組んで利益を上げた事例です。

〈あるとき組屋は、秀吉の津軽の蔵入地（直轄領）からの年貢二千二百石の売却を請け負いました。秀吉の年貢は、貢納されたのち、実際に食用に消費する部分以外は、売買してお金に換え、秀吉の金庫に納められていたのです。

当時、津軽の米相場は百石あたり四両でしたので、すべてを売っても八十八両にしかなりません。そこで組屋はまず百石あたり十両の値がついていた南部地方に千八百石を売りました。すなわち、売値は百八十両です。さらに残りは小浜まで持ち帰って、百石あたり十四両で売却しました。すなわち売値は五十六両です。合計で二百三十六両ですから、値の安い津軽で商いするより三倍近い儲けを出すことに成功したわけです。これは、単純な海運ビジネスではなく、利ザヤ稼ぎであり、相場を利用した商いです。

また、注目すべきことに、秀吉はこの儲けを独占せず、仕事を実際に行った組屋と折半していました。すなわち、海運を行う商人たちの商売を振興させ、自分の懐も潤うような方法を考えていたのです〉

まさに商社的な発想ですね。秀吉の領地は、九州から東北まで各地に散らばっていて、合計で二二〇万石あったそうです。秀吉は各地の商人と結んで、いま見てきたような仕組みを回して、巨額の資金を獲得していたのです。

そして、このような経済運営を支えたのが、石田三成《みつなり》らの強力な内務官僚・経済官僚でした。このような実務的な官僚組織をうまく構築して活用したのが、なんといっても秀吉の大きな特徴ですね。

権力の集中を支えた金山・銀山開発

猪瀬　鎌倉、室町、戦国期に至る過程、すなわち平安の宗教卓越国家から武家が権力を奪っていく過程は、権力の集中の度合いが大きくなっていく過程でもある。大和朝廷の持っている権力と比べたとき、権力の及ぶ範囲はどんどん広がっています。

鎌倉時代でも、鎌倉幕府の「東の円」と、朝廷の「西の円」がそれぞれ存在するといったかたちで、本当の意味での中央集権ではありませんでした。それこそ、豊臣秀吉が全国統一を成し遂げた後の集権ぶりは、鎌倉幕府とは比べものになりません。

磯田　古墳時代の大和国は、ずいぶん地域的でした。というのも、大和ばかりでなく、当時の吉備国や尾張国、出雲国など周辺諸国が、かなりの人口を抱えていました。卑弥呼の時代の人口は『魏志倭人伝』に記された人口分布を見れば、だいたいのことがわかります。

猪瀬　『国史大辞典』によれば弥生時代はせいぜい六〇万人ぐらいですね。畿内が一〇万人程度です。奈良時代にはその一〇倍ぐらいに増えています。

磯田　一時的に集権の度合いが突出していたのが奈良時代で、東大寺の奈良の大仏を造った人たちの総数はたいへんなものです。同様に平安京を造った時期も、やはりかなりの人口だったと思います。

ところが鎌倉時代から、少し話が違ってきます。博多や堺あたりの人口が増えてくるのです。それでも当時はまだ京都のほうが比重が大きかったのですが、都が焼け野原になった応仁の乱以降、どんどん地方分権化が進んでいきます。この頃の京都の人口は少なく、これほど国内第一の都市の地位が落ちた時期はないのではないでしょうか。

猪瀬　戦国時代こそが、「地方の時代」だといえますね。いま「地方の時代」などといわれますが、本当に「地方の時代」を求めるなら戦国時代並みの独立性が地方になければいけない、ということになるかもしれません。とにかく、権力も富も分散していたわけです。武田信玄は、自分で金山を持っていた。石見《いわみ》銀山から銀が採掘されるようになるのも、この頃ですね。石見銀山の産出量はすごかった。当時の日本全体の銀産出量が世界全体の三分の一だといわれますが、石見銀山は日本の生産量の五分の一を占めていたとされます。

磯田　そうですね。石見銀山や甲州金山をはじめ、日本の各地で鉱山の採掘を始めるのが、この時期です。

猪瀬　さらに、イエズス会の宣教師などを通じて、鉱山採掘の技術が入ってきた。それで石見銀山でも産出量が増えますが、日本から流出した金銀も多かったといいますね。

磯田　大量流出は二回あるのです。近世の入口のとき、中国しか絹織物をつくれなかったので、絹織物を得るために一度、大量に流出した。さらに幕末に流出しました。

猪瀬　幕末には、金と銀の交換比率が日本国内と海外とで違ったため、日本国内で銀を金に両替し、それを日本国外に持ち出して銀貨に換えれば、それだけで大儲けができた。それで日本の金が流出してしまった。

磯田　ただ、もちろん日本で金や銀が発見されたことは大きな画期でした。何よりよかったのは、中国はじめ外国に対して決済手段を持つことができたことです。卑弥呼の時代などは、生きた人間を「生口《せいこう》」つまり奴隷として送らなければ、中国の文物はもらえなかったのですから。要は人間輸出で、人間以外に決済手段を持たなかったのです。

その後は刀剣と硫黄ですね、日本から輸出したもののうち、とくに刀剣は珍重されました。日本の鍛冶の技術は、当時からたいへんなものだった。これは、後世の自動車産業の興隆を予見させるものでもあります。やはり日本が「武の国」であることが、鍛冶の技術発展を大きく後押ししたのです。

十五世紀半ばにヨーロッパが大航海時代に入ると、ボリビアのポトシ銀山が開発されます。これがきっかけで太平洋を横断する航路ができ、中国にも銀がどんどん流れ込み、中国が銀本位制になります。戦国時代までの中国は、日本よりはるかに技術レベルが高く、富もあるから、日本人は中国の物を買いたくてしかたなかった。そんな日本人が国内で銀山を開発したことにより、中国の技術や製品がどんどん入ってくるようになったのです。

日本の一五〇〇年から一七〇〇年は「偉大な二〇〇年」

磯田　日本が「中国に追いつけ追い越せ」とキャッチアップを目指すようになるのは、イエズス会が来日しだす一五五〇年頃から、江戸時代に入って一〇〇年経った元禄時代、一七〇〇年頃までです。日本はおそらく一人あたりGDPで中国を追い越した。中国に勝ることができたのは、一七〇〇年頃の日本人の大きな自信になったと思います。

猪瀬　関ヶ原の戦いは一六〇〇年、戦国時代が終わる頃の人口は一五〇〇万人か一六〇〇万人ぐらい。江戸幕府が開かれ、平和になって一〇〇年間は高度経済成長です。人口も二倍の三〇〇〇万人ほどになります。もっともそれから一六〇年間、幕末まではほとんど伸びはありませんが。一七〇〇年頃、元禄時代の日本人に、中国に追いつき追い越したという自覚はあったのだろうか。

磯田　あったと思います。すでに鎖国していたので、経済的に追いついたという確信はないかもしれませんが、生活水準はどんどん上がっていますから。識字率も、この期間で明らかに追い抜いています。決済手段を持ち、かつては中国から買っていたものを自国内で製造できるようにもなっていました。とくに良質な絹織物や漢方薬を日本国内で製造できるようになったのは大きい。一七〇〇年以降は、江戸幕府が奨励したこともあって、蚕を飼って自分たちで良質な生糸をつくる技術が高まり、中国から輸入する必要はなくなっていきます。それまで、信長、秀吉、家康の時代まで、生糸は「糸割符《いとわっぷ》仲間」と呼ばれる商人たちによる輸入に頼る部分が大きかったのです。

絹を内製化できるようになった後、ヨーロッパなどは日本の着物について、「中国よりはるかに優れている」と評価するようになります。そうして海外に富が流出せずに済むようになるのです。

もう一つ重要なのはメガネで、江戸時代の初めはメガネの材料となる水晶玉を福建から大量に輸入していました。中間加工品として仕入れて、最後の磨き上げを京都でやる。それが江戸時代の後期になると、水晶も国産のものを使い、すべて国内で生産できるようになるのです。

猪瀬　メガネというのはおもしろいですね。それは老眼鏡ですか?

磯田　老眼鏡も近眼鏡もありました。近眼鏡は、宮崎の水晶がいいんです。

このようなことに象徴されるように、中国に依存しなくても、日本国内で工業製品をつくれるようになっていきました。一五〇〇年から一七〇〇年までの二〇〇年を、私は「偉大な二〇〇年」だと思っています。

猪瀬　衣料でいえば、綿花の栽培が広くなされるようになったのも戦国時代あたりからですね。

磯田　綿花栽培が普及するのもこの時代からです。これで農民の死亡率が下がったといわれています。着物や布団にしたとき、麻よりも断然暖かいので冬の寒い時期に死なずに済む。

だから極端なことをいえば、綿が一般庶民に普及しないかぎり、日本において本当の意味での民主社会は生まれなかったといえるかもしれません。いま世界各国の格差を寿命から測るといった調査が行なわれていますが、かつての日本も身分の高い人は長生きできるけれど、身分が低い人、つまり民衆は早く死ぬ社会でした。民衆の多くは、家も持てません。そもそも結婚前に死んでしまう人も多かった。

それが綿が普及することで民衆も長生きできるようになる。これは独立自由民になるための前提です。

猪瀬　百人一首のカルタを見ると、貴族は畳のような台に座っていますね。家自体は板の間だから、あのような台がない身分の低い人は、冬は本当に寒かったでしょう。日本の家屋は夏用にできているし。綿が出てきて、やっと暖かく過ごせるようになった。

磯田　農民は、板敷きの上にせいぜい藁《わら》を敷いて、寝具も藁のなかに潜り込んで寝るぐらいでした。ある意味では、農民が動物的生活から人間的生活に移行するのは、藁のなかで寝なくなるときだと思うんです。十六世紀に綿花が栽培されるようになり、綿入れや綿の着物を着て防寒できるようになった。同時に農家にも畳が普及しだし、藁のなかで農民が寝なくなるのです。

猪瀬　日本で農民が人間的な生活を手に入れるのは、世界的に見て早いのだろうか。

磯田　早いです。農奴制の否定という点では、戦国末期から江戸の初めはすごいものがあります。やはり偉大なる二〇〇年なんです、一五〇〇年から一七〇〇年は。この時期に日本では綿が普及し、農業も緻密な家族経営でやるようになる。農民の識字率も上がる。

驚くべきことに農民一人ひとりが「ハンコ」を持つという、日本型社会も誕生する。これはたいへんなことで、農民が権利の主体になることを意味します。人格として認められるから、ハンコが持てるのですから。「ハンコを持って一人前」と、私も若い頃よくいわれましたが、ハンコをみんなが持つようになるのが、一六五〇年頃なのです。

「鉄砲」によって戦国の地方分権社会は中央集権化した

猪瀬　江戸時代に入ると、庶民の生活水準も文化水準も格段に上がっていきますが、その前の混乱期から、そこに向かって上がっていく動きがありますね。

磯田　日本史上、社会が最も地方分権化したのが応仁の乱以後の一〇〇年ですが、これが再び中央集権化するのは、鉄砲によるところが大きい。

鉄砲が普及するまでの戦国期の豪族たちは皆、山城を築いていました。日本には五万の村が存在し、それとほぼ同数、五万の小さい山城跡があるのです。つまり名字を持つぐらいの身分の人だと、みんな裏山に小城を築いて城主になった。

山城を、弓矢だけで落とすのは難儀なことです。弓矢は上から放つほうが効果を発揮するので、山城に塗り塀をつくって矢狭間《やざま》から矢を放たれれば、絶対に敵わない。これでは各地の城を落として全国統一するなど不可能ですが、なんと下から山城を攻め上っても落とせる武器が現われた。それが火縄銃なのです。

しかも、火縄銃には規模の経済性があって、一挺二挺の数を散発的に使ってみても、三〇〇〇挺だとか五〇〇〇挺などといった規模で集結して使う者には勝てません。大量の火縄銃を持つには、検地・石高制・役という三つのシステムをうまく機能させ、領地の経済力を効率的に軍事力や軍事物資に転換する必要がある。

そのようなシステムを効果的に運用したのが、当時から「天下人」と呼ばれた信長や秀吉だったのです。彼らが火縄銃の集中使用や、検地・石高制・役を採用することで、自分のもとに足軽鉄砲部隊を組織できるようになった。

ただし騎馬武者も完全には消滅しません。当初の火縄銃は一分間に一発程度しか発射できず、一五〇メートル離れるとあたっても死なない。これだと騎馬による突撃も有効なのです。騎馬兵が通用しなくなるのは、一〇秒に一発撃てるようになり、有効射程距離が五〇〇メートルになる段階で、つまりはライフル銃の時代です。さらに機関銃の登場で、完全に消滅することになります。

猪瀬　結局、争乱続きの室町幕府から、江戸幕府の安定的で平和な社会に移行できたのは、検地・石高制・役があったからということでもありますね。南北朝という混迷と、室町幕府のそもそもの制度設計の失敗から中央の権威が脆弱化し、分権化が一気に進んでいく流れができたわけですが、鉄砲の登場などを契機にそれが逆転し、武士が「新しい公」を再編成していく。それも以前より広域で、密度の濃い「公」がつくられる。

磯田　そのとおりです。そのような「新しい公」の成立の前段階で行なわれたのが、地縁集団によるリーグ戦だったといえるでしょう。そのなかからいくつかが勝ち残り、だいたい直径三〇〇～四〇〇キロ程度の範囲を支配する戦国大名が生まれる。

たとえば武田信玄や上杉謙信の本城から最大進出距離は二〇〇キロ、直径にすると四〇〇キロ程度です。謙信なら、春日山城から金沢の手前ぐらいまでです。謙信は最大で鎌倉まで進出したことがありますが、これは短期間で撤退して領国化できていません。島津家が北方へ進出したときも、大宰府から島原半島まで。毛利は比較的大きいですが、それでも西側が福岡の手前、東側が鳥取・兵庫・岡山県境を越えた所までで、やはり二〇〇キロなのです。最大でも五〇〇キロは越えない。伊達政宗《だてまさむね》もしかり。戦国大名には片道二〇〇キロの法則がある。

猪瀬　そのような状況を変えることができたのは、検地・石高制・役によって領内の経済力を根こそぎ武に結びつける強力なシステムを構築できた、織田信長や豊臣秀吉だった。

磯田　実際、信長や秀吉の権力は、すさまじいものがありました。とくに天下人になる頃の秀吉は、必ず相手より多数の兵員を用意できた。これが秀吉の強みです。

三〇〇～四〇〇キロ圏が領国だとすると、当時は一反あたりの収穫量が一石から一・五石ですから、戦国大名は大物でも、一戦場に投入できる兵の数は四、五万人がせいぜいです。ところが、計数と徴税に長けた天下人秀吉は、火縄銃をたくさん持った兵を含む軍勢を一五万とか二〇万並べることができた。これが秀吉の強さで、こうなると「攻城三倍の法則」をはるかに超えますから、秀吉に攻められたら城方は手を挙げるしかないのです。

信長や秀吉は「天皇」の権威利用がうまかった

猪瀬　さらにいえば、信長は天皇や足利将軍などの権威を使うのがうまかった。信長が永禄十一年（一五六八）に上洛したのも、将軍・足利義昭を奉じてのものでした。以後、足利義昭を擁立していることを活かして、自分を有利にするような外交工作を、さまざまに行なっています。また、足利義昭が信長を疎ましく思い、信長包囲網が形づくられると、今度は天皇の権威を活用する。天皇に奏請して勅命を下してもらうことで浅井《あざい》氏、朝倉氏と和睦したり、一向宗との戦いでも、大坂の石山本願寺との戦いで敗色濃厚になったときに、「講和せよ」という勅命を出させて窮地を脱しています。

磯田　信長は、本当に天皇や将軍の権威をよく利用しました。そのいっぽうでボロボロになっていた御所の築地塀を直すなど、たくさんのお金を天皇にかけていたのも事実です。信長は天皇と相利共生の関係、いわばウィン・ウィンの関係を築き、一緒に天下統一を果たそうとしたのです。

その思想は、豊臣秀吉が受け継ぎます。秀吉が使った手が、自ら関白に就任して、天皇の権威を利用するというものです。秀吉は農民出身で、野戦で相手を叩き伏せるのは得意ではなかった。しかも寄せ集めの軍なので、野戦で相手を倒し、更地にして直轄地にするというやり方も、最後までできなかった。徳川家康にも、軍事的に勝つことができなかった。

猪瀬　家康に負けたのは小牧・長久手の戦いでしたね。あれは、どういう戦いだったのか。

磯田　秀吉が一〇万ほどの兵を用意したのに対し、家康は信長の次男・織田信雄《のぶかつ》との連合軍でしたが二万いたかどうか。秀吉軍の四分の一もいない、圧倒的不利な状況でした。

猪瀬　それだけの兵力差がありながら、秀吉は負けてしまう。

磯田　家康は、「秀吉軍は数が多いから一度に一〇万人ではなく、兵を二つに分け、三万人程度は秀吉本隊と別行動させるのではないか」と考えたのです。要は、分散した敵を各個撃破してしまおうという発想です。当時の戦《いくさ》は歩兵同士の戦いですから、ふつうは一時間あたり四キロ、急いでも六キロも移動できません。鎧を着ていますし、どんなに急いだとしても八キロ。また、戦いが始まって終わるまでの時間は、だいたい三、四時間です。すると六キロ×四時間＝二四キロで、二四〜二五キロ距離があれば、戦闘が始まってから本隊に連絡しても援軍が間に合わない。

そこで家康は、秀吉軍が二手に分かれて、両者が二五キロ以上離れる状況が生まれるのを辛抱強く待ち続けた。自分の勝手知ったる領地に引きずり込み、敵が分散したところで奇襲をかけて別動隊を崩壊させたのです。

すると一〇万の軍を二万そこそこで撃破したという話が、全国に広まった。秀吉は軍事コンプレックスがあるので、家康は外交交渉で仲間に引き入れたほうがいいと考えだす。秀吉の目的は家康を倒すことではなく、天下統一でしたから。家康がこれほど強いなら、自分の手先になってもらうほうが得策だと考えたのです。

そのために利用したのが天皇です。自分が関白に就任し、その権威で家康を上洛させた。ここで足利義満そして応仁の乱の時代以来、落ち続けて風前の灯火《ともしび》となっていた天皇の権威が、織田信長や豊臣秀吉の戦略的な意図もあって復活するのです。

猪瀬　秀吉も信長も、戦わずして勝つのが意外にうまい。こうして天皇の権威と武力権力がもう一度結びついて、うまく共存するようになっていった。

室町幕府の場合、その出発点が後醍醐天皇という特異なミカドとの関係性のなかにあるので、天皇の権威との共存という部分での難しさを常に抱え込んでいたのかもしれません。

「御爪点」――天皇の身体由来の印が権威の裏づけ

猪瀬 征夷大将軍には、東国の敵を倒すべき存在（征夷）であるという意味合いも込められています。なにしろ「征夷大将軍」という言葉のなかには、中国風に蛮族を表現するときの「東夷《とうい》、西戎《せいじゅう》、南蛮《なんばん》、北狄《ほくてき》」の「東夷」の「夷」という文字が組み込まれているのですから。豊臣秀吉が征夷大将軍にならなかったのは、家康に負けたことも影響しているといわれています。

磯田 それも一つありますし、秀吉の氏素性が定かでないので、征夷大将軍の条件である源氏の家系と認めてもらえないこともありました。ならば、近衛家の養子（猶子《ゆうし》）になって関白になったほうが早いと考えたのです。家康と講和条約を結ぶにあたって、関白の命令として上洛させる必要もありましたから。

猪瀬 関白は、基本的には律令の制度では規定されていない「令外官《りょうげのかん》」ですね。天皇が幼少であるなどで、政務代理を置くときに用いる役職であり、平安時代の藤原基経《もとつね》が最初の関白です。庶民出の秀吉が関白になるというのは、もちろん異例中の異例のことでした。

磯田　当時の人も、関白は人臣として、いちばん偉い地位だとわかっているし、征夷大将軍より上だということもわかっている。なにしろ、朝廷内における官位の任免権を持っているのが関白なのですから。

たとえば征夷大将軍を決めるとき、天皇と関白は同じ高さの座面に対面で座ります。二人の間には候補者三人程度の名前が書かれた紙が置いてあり、自分が適任だと思う人の名前を関白が扇子の先でトントンと叩くのです。

ここで天皇が頷けばいいのですが、そうでないときは、また別の名前をトントンと叩く。「それでいい」となったら、天皇が手の親指の爪で名前のところにクリクリと跡をつけるのです。これを「御爪点《おつめてん》」といい、その瞬間に人事が決定する。

天皇は、たいていは関白が最初に示した人物を選びます。この手続きを「御治定《ごじじょう》」といい、「御爪点にて御治定」という言い方をします。候補者は必ず複数いて、これを「人事の競望《けいぼう》」といいます。いまでいえば当選回数が同じような大臣候補を並べて、誰にするかを関白が実質決めていくといった感じです。

つまり人事権を握っているのが関白です。征夷大将軍を決めるのも関白なのです。だから秀吉は望んで、関白を手に入れた。実質、天皇と同じ仕事ができるのですから。

関白となった秀吉の権力はものすごいものでした。たとえば昔の平安京で天皇が住んでいた場所に、聚落第《じゅらくだい》という邸宅を建てます。そこへ信長の安土城を真似て、都中の人が見上げるような高層建築の天守閣を建てた。しかも聚落第天守閣からは、現在の天皇の御所である土御門《つちみかど》内裏を見下ろせるのです。

猪瀬　視覚的に権威を示したということですね。それにしても磯田さん、なぜ御爪点などという言葉を知ったの？

磯田　孝明天皇の史料を見ているときに出てきました。

猪瀬　明治天皇の前の孝明天皇、それはおもしろい。ふつうは見過ごしてしまうけれど磯田さんならではの発見ですね。

磯田　朝廷の儀式書を読んで、そこから解析したのですが、調べていくなかで、こういう制度に詳しい人が残した回想録を発見して、そこに御爪点のやり方が書いてあったんです。「扇子で叩きます」といったことが京都の朝廷の官人の言葉で書いてある。大正初年ぐらいに慶應義塾大学と宮内庁書陵部が、まだ存命だった下橋敬長という官人からヒアリングしたもので、とてもおもしろい内容でした。

猪瀬　御爪点で、実質的に関白が人事を決める。平安時代からずっと、秀吉の時代もそれをやっていた。

磯田　いまでもやっています。重要な宮廷儀礼の日取りなどは、いまも御爪点で決めているそうです。いまは関白がいませんから、侍従が天皇の前に紙を置いて、それに天皇が御爪点を爪でクリクリやっておられるのでしょうか。筆で染めるのではなく、生物的な、肉体の圧力で分厚い和紙に圧痕を残す。言葉でも文字でもないもので、決めるようになっているのです。

猪瀬　御爪点は、つまり天皇の爪痕です。そのような天皇の身体に由来する印が権威の裏づけになるのは、本当におもしろい。

磯田　しかも役職がそのようにして決まった後、本人を呼び出して、天皇自身が声をかけるわけではない。「口宣案」という「お前を何々の守《かみ》に任ずる」と書いたメモ用紙があり、これを長橋局《ながはしのつぼね》という女官長が持ち運び、平伏する相手に向かって読み上げる。読み終えると口宣案を相手に渡し、相手はそれを懐に入れて持ち帰る。この口宣案が任命詔書の代わりになっているのです。おもしろいのは中国の宦官《かんがん》文化と違い、日本は女性が人事に関する実務を行なうところです。

戦国大名たちは官位を「いくら」で買えたのか？

猪瀬　歴史学者の今谷明さんの『戦国大名と天皇』（講談社学術文庫）に、武家の官位は室町幕府を通して決めることが原則になっていたのに、戦国時代になると、各大名たちが幕府を通さずに「直奏」すなわち朝廷に直接働きかけていくようになる状況が具体的な金銭額を入れて描かれています。

陸奥梁川（現、伊達市梁川町）城主伊達稙宗《たねむね》が、「左京大夫」に任ぜられたというか、そういう肩書きをもらうために永正十四年（一五一七）に発起してから費やした礼物・礼銭を記録した帳簿が残っていた。それによると、「天皇三〇貫、上卿五貫、弁官（甘露寺伊長《かんろじこれなが》）、長橋局、花乗寺殿、官途奉行三貫……」などと、天皇への礼物だけでなく各公家への礼物まで、かかった費用が『伊達家文書』にこと細かに記されている。

〈朝廷・幕府へ支払った礼銭〉天皇三〇貫　上卿五貫　弁官（甘露寺伊長）五貫　長橋局
〈勾当内侍《こうとうのないし》〉五貫　花乗寺殿（未詳）二貫　官途奉行（摂津元造）三貫　弁官奏者〇・三貫
〈以上小計　五〇・三貫〉
〈贈答用太刀作料〉守家銘太刀四六・九貫　国綱銘太刀一〇・二貫　友成銘太刀一・一貫

〈以上小計　五八・二貫〉
〈細川被官礼銭〉五・八貫
〈陸奥〜京都間路銭〉六五・七貫
〈京中借銭利子・使者遣料〉七五貫
以上総計　二五五貫〉

この伊達稙宗がかけた費用のうち、路銭の内訳も詳細に紹介されています。信濃川の渡《わたし》で一〇〇文を支払ったり、上杉定実の城下で上杉氏の被官谷某に酒料として五〇〇文を支払ったなどという細目です。このような記録が残されているのがおもしろいですね。その他にも、各大名が皇室の行事や、皇居修繕などにいくらくらい出費したのかも書かれています。

磯田　取次ぎの人たちに、どれぐらい渡すか、ちゃんと比率の相場が決まっていたのです。中世には費用のことを「用脚《ようきやく》」といいました。近世になると、それが「入用」になります。

猪瀬　「左京大夫」はもともと由緒ある役職で南北朝合一の時期には一人しか該当者はいなかったが、この頃には濫発・安売りされていた。天皇と公家にとって名誉の販売は生活の糧《かて》でもあった。

〈これらの礼物礼銭を受け取る天皇側の立場からいえば、朝廷諸収入中、大名からの礼銭の比重はどの程度だったのだろうか。大名への官位を一種の栄転授与とみるならば、天皇は大名以外にも、全国の寺院に対して勅願寺に指定したり、高僧たちに上人号を与えたり、香衣・紫衣をまとうことを許したり、禅僧の一部に禅師号を授与するなど、種々の方策を講じて収入のよすがとしていた〉（前掲書）

大名たちに「守」などの官位を与えるときも、同じことが行なわれていたのですね。

磯田　戦国時代から豊臣時代まで、関白がやっていました。たとえば、松平（徳川）家康が三河国で覇権を確立したいと思ったら、三河でいちばん偉い大名だと示すために「三河守」になりたいわけです。そのために御所にお金を持っていって、さらに関白や朝廷に力を持っている公家にお金を持っていく。天皇には直接いえないですから、関白や側近公家などを通して奏上してもらうようにするのです。

これが江戸幕府の時代になると、「武家の官位は当官管外」と「禁中並公家諸法度」で定められました。武家の官位については、決めるのは全部、征夷大将軍であり、正式の定員外にするので朝廷はすべて追認するということです。

武家の官位奏請を一元化して自らの権威を高めた幕府

猪瀬　この官位は考えてみれば不思議です。たとえば、真田信繁《さなだのぶしげ》（幸村）の父の真田昌幸《まさゆき》は、信濃国の領主なのに安房守《あわ》を名乗っています。安房といえば現在の千葉県、房総半島の南部です。支配官位と知行地が一致しない例も、よくあるわけですね。

磯田　国司官位（受領名）と支配地が分離していくのは中世からです。国司の名乗りが有名無実化したのです。名乗らせる国の名は気を付けないと、変な政治性を帯びます。たとえば真田昌幸が信濃守になると、まるで武田信玄の後継者であるかのようです。同じ理由で甲斐守《かい》もダメです。だから、名誉のために官位を与えるなら、あまり関係ない小国の官位がいい。そこで「安房守」になったのでしょう。

平安末期までは、「伊勢守」だったら本当に伊勢を統治する実体を伴っていました。それが鎌倉幕府の時代になると、だんだんいいかげんになってくる。たとえば鎌倉幕府で執権を務めていた北条氏は武蔵守です。たしかに武蔵の近くにいたかもしれないけれど、北条氏が武蔵国の国府（国衙）で統治支配をしているかというと、そうではない。国府の役所はだいたい西暦一〇〇〇年ごろまでには、なくなってきている。

猪瀬　鎌倉時代には、どのようにして官位が決まったのか。

磯田　武家の場合、鎌倉幕府を通して朝廷に奏請して、官位が下されました。日本中の武士は、征夷大将軍の許可なく朝廷から官位をもらってはいけないという原則を源頼朝が立てたのです。

源義経が、兄である頼朝に粛清されたのは、その原則に反したからでした。弟であっても、親分たる征夷大将軍の許しなく官位をもらえば殺される。義経が粛清されたのを見て、他の武士もその意味を知ったのです。

義経がもらったのは、左衛門少尉と検非違使《けびいし》でした。左衛門少尉や検非違使のような役職を「判官《はんがん》」ともいったことから、「判官贔屓《ほうがんびいき》」という言葉が生まれたのです。

猪瀬　左衛門少尉というのは、もともとは宮城の門の警備を担う役職の一つですね。頼朝の許可なく、勝手に朝廷に近づいて、官位をもらってしまったのがいけなかった。征夷大将軍でなくとも官位を奏請できるとなると、頼朝を武家の棟梁とするシステムが壊れるという考えです。これはつまり、頼朝より朝廷の権威を認めていることになるわけですから。

磯田　律令の仕組みだけでいえば、おのおのの武家が直接、皇室や関白などにお金を持っていって官位を要望しても、何の問題もないはずですが、「そうしてはいけない」ということにしたのが頼朝だったのです。形骸化した官位を征夷大将軍が武士たちに配って親分面《づら》するということを始めたのも頼朝です。

朝廷に官位を奏請することで力を伸ばすというのは、平清盛もやっていましたが、それでも清盛の時代はまだ「安房守」といえば、安房を支配する武士に与えていました。

おもしろいのは源頼朝が勝手に官位をもらった自分の子分たちに対し、ものすごい悪口をいった記録が『吾妻鏡』に残っています。頼朝は、容姿を蔑《さげす》むのです。「目がネズミのような顔をしやがって」「そんな顔に官位なんか似合わん」などと。勝手に官位をもらった子分は二四人いるのですが、それぞれの容姿についてさんざんに貶《けな》し、それを全部、記録させている。しかも官位をもらった子分たちに、同じことを書いた手紙を送っています。頼朝自身はイケメンで容姿に自信があったのでは、という中世史家もいます。

猪瀬　それはおもしろい。鎌倉幕府では武家が勝手に官位を朝廷に奏請することが禁じられて、すべて征夷大将軍を通すようにとされていた。それは室町幕府の時代もそうだったけれども、戦国期になると崩れてしまい、大名たちが直接、朝廷に働きかけるようになる。江戸時代に再び、武家の官位は征夷大将軍が決めるかたちに戻したわけです。『吾妻鏡』は鎌倉時代の歴史書ですが、徳川家康が愛読していたといわれますから、そこは鎌倉幕府の故事に学んだのかもしれない。

磯田　秀吉の時代までは、官位に定員がありました。信濃守は、一人でなければいけないのです。ところが江戸時代の大名になると、先ほどのように武家官位は当官管外（定員外）なので、日本全国に「信濃守」が同時に五、六人いるのが当たり前なのです。

猪瀬　もともとの定員を超えて、たくさん配った。

磯田　そうです。秀吉時代は武士が関白や参議になると定員が埋まって、その分、お公家さんがなれなくなる。ところが家康は、「禁中並公家諸法度」で武家が持つ官位は定員外だとした。徳川将軍家が推薦すれば、いくらでもなれるシステムにしたのです。ほぼ「メイド・イン・徳川」の官位をばら撒くことで、徳川家の威信を高めた。

猪瀬　この章の冒頭で、「鎌倉幕府と室町幕府とは、何がどのように違うのか」という問題提起をしました。こうして見てくると、鎌倉幕府から室町幕府、そして戦国期を経て江戸幕府成立までの流れのなかで、日本の社会が大きく変わっていることが、あらためてよくわかります。鎌倉幕府の時代は、まだまだ京都と鎌倉の二元権力社会であり、全体としても極めて分権性・割拠性が強かった。しかも、経済力や文化力、社会影響力を見た場合には、圧倒的に「宗教卓越国家」だった。それが室町時代には、皇統自体が「南北朝」に分かれてしまい、さらに室町幕府の制度設計の不備もあって中央の権威は弱まり、やがて戦国時代に突入しています。ある意味では「何でもあり」の時代になってしまった。ところがその戦国時代を経ることで、「宗教卓越国家」は「経済卓越国家」に変わっていき、各地域で生じた富・資本を、その地元の人びとが活用して経済発展をしていける社会になっていく。さらに、鉄砲の導入などもあって、社会の総力を動員する集権的な国家ができあがっていく。金山・銀山などの開発もあって、日本の国富は増大し、さらに徳川家康が戦乱を終わらせて平和な社会を築いていくことで、庶民の生活水準も着実に上がっていく。

いっぽう天皇の権威の象徴である官位を武士に与える権限を幕府が一手に握ることで、幕府の権威をも高めようとする仕組みも、室町幕府の後半に一度崩れてしまいますが、江戸幕府が再び一元的に担うようになっていく。

まさに、近代社会への準備が、この期間に大きく進められていたことがよくわかります。

このような歴史の流れは、かつてマルクス主義者たちが唱えたものとは大きく違います。イデオロギーで歴史を見るのではなく、ファクトを見ていくことがいかに重要かということがよくわかります。

次章では、いよいよ江戸時代のことを見ていくことにしましょう。

第三章

江戸武家社会の組織と個人

——サラリーマン根性の始まり

武士たちの知行は細かく「分散」していた

猪瀬　現代の日本では、大企業の社員も、お役所の公務員も、典型的なサラリーマン社会を生きていますが、じつは江戸時代の旗本も、サラリーマンと同じでした。

國學院大学名誉教授の水谷三公さんが『江戸は夢か』（ちくま学芸文庫）で、とてもおもしろいことを書いておられます。

〈まず、幕府や藩の領有する土地のすべてが、幕臣や藩士に支給されたわけではありません。幕府・藩が代官や郡《こおり》奉行などの官僚組織を通して直接に支配した土地、いわゆる蔵入地は、領地のかなりの部分を占めています。藩や時代によって違いはありますが、幕府の場合、幕政中期以降は四〇〇万石強が直轄蔵入地、これに対して、旗本など幕臣に割り当てられた知行地は全部あわせても二六〇万石程度でした。（中略）

第二に、家中・主持ちだからといって、誰もが地方知行を宛行《あてが》われたわけではありません。地方で支給されるのは、一部の上級者だけでした。これも幕府の場合を例にとれば、一八世紀なかごろの安永年間、約二万二〇〇〇人の幕臣中、わずか一一％程度が地方知行で、残りは切米取りとか現米取りとか呼ばれる「俸給生活者」でした。つまり幕府が代官などを

通して全国から徴収し、保管していた米蔵から、直接玄米支給を受けました〉

つまり十八世紀半ば、幕臣の八九パーセントが領地とは無縁の俸給生活者だったというわけです。武士階級のうち、上級武士は自分の知行地を持っているものと思っていましたが、土地と完全に切り離された俸給生活者の比率がこんなに高いとは思っていませんでした。

磯田　そうなんです。江戸時代の武士の大半は、文字通りサラリーマン的だったのです。

猪瀬　水谷さんの本では、さらに興味深い記述が続きます。

〈第三に、領地といってもどこでも好きな土地を選べたわけでも、便利な形態に変えたりできたわけでもありません。多くの場合、分散知行といって、あちこちの村（の一部）に散らばった小さな領地を与えられるのが普通でした〉

これはつまり、こういうことです。知行（土地）をもらっていた少数派の旗本も、一カ所にまとまって広大な土地をもらっていたのではなかった。あちらの村の一区画、こちらの村の一区画というように分散して領地をもらっていた。こうなると土地持ちといっても、各地に点在する土地を管理するサラリーマンというほうが実態に近い。いまでいうならアパートを丸々一棟持っているのでなく、あっちのアパートに一部屋、こっちのアパートに一部屋というような感じですね。

磯田　その「分散知行」は「相給知行」ともいいます、このやり方のいい点は災害による危険の分散ができることです。逆が「一円知行」というもので、そのあたり一帯をもらうのですが、やはり本来の領主とは違います。

猪瀬　とくに相給知行だと、あっちにこれだけ、こっちにこれだけとなるから、「ここが自分の世界であり、根城だ」「自分が所有し、責任を持つべき世界がここにある」という帰属感がない。結果として幕府という組織に帰属している感覚ばかりが強まり、自己決定する能力が気風として育たない気がします。

水谷さんはこれをイギリスの貴族と比べています。イギリス貴族には自分の城、領地といえるカントリーがある。これだと自分の所有感や帰属感があるのです。

磯田　日本では中世から近世に移るにあたり、大きな変化が起こりました。当時の身分として、下にいるのが百姓たちで、上にいるのが大名や将軍です。その真ん中にいるのが武士ですが、江戸時代は、このうち「頭」（大名や将軍）の権限や権力と、「お尻」（庶民、農民）の権利や経済力を太らせて、「真ん中」にいる武士たちの権限や経済力を極めて細くしたのです。

大名や将軍は、かつては同僚だった自分の家臣たちの下位領主権限をどんどん奪い、自分の上位領主権限をどんどん拡大させていきました。いっぽう農民は自分たちの土地を持つようになり、多角的な経済活動も積極的に行なって、こちらも権利と経済力がすごく大きくなった。

つまり江戸時代には、大名の権威や権力が絶対化し、かつ農民や庶民たちの人権や民権や所有権が強くなった。逆に土地の所有権を削られて、権利がどんどん弱くなったのが中間にいた武士たち、とくに上級武士なのです。

税率決定権も司法権も奪われて……

猪瀬　独立裁量権をどんどん奪われていくのだから、頭とお尻の中間にいる武士たちは、必然的にサラリーマン化していくほかなくなる。戦国時代までは大名に仕える武士は、自分で領地を持つ小領主だったわけですけれども。

磯田　そうです。昔は小城もあって、自分の名字と同じ土地を持って君臨していた。江戸時代の初期もそうで、まず税率決定権を持っていた。一〇〇〇石の領地だったら、その高一〇〇〇石から取ることができた。

猪瀬　自分がそこから直接、年貢を受け取れた。

磯田　「今年は年三つ四分」といえば、年率三四パーセントの年貢を取れる。一〇〇〇石だと人口が一〇〇〇人ぐらいいて、彼らから年貢を取れた。自分の領内で犯罪が起きたら、犯人を捕まえて、極端な話、処刑までしてもよかったのです。

猪瀬　司法権があった。

磯田　裁判権も処刑権も法の制定権もありました。ところが、とりわけ旗本の場合、江戸幕府がどんどんそういう権限を奪っていくのです。しかも、領地もバラバラに与えられるようになった。

私の家は一二〇石の小さな知行取りの武士でしたが、一二〇石を四カ所に分割して、一カ所は二〇石とか三〇石くらいしかありませんでした。

猪瀬　それだと一カ所あたり、何軒ぐらい持つことになるのか。

磯田　一カ所あたり二〇石だとか三〇石ということですと、そこにいる農家は三軒ぐらいで、一軒に牛が一、二頭いるというイメージでしょうか。それが四ユニットだから、結局一〇軒ぐらいしかない。これが幕末までの私の家の領民のすべてです。それぞれ「所付《ところつけ》」といって、「この百姓は磯田家のもの」と決まっているのです。何のためかというと、いざ戦争が起きたとき、本来は彼らを荷物運びなどのために出陣させる。でも実際には出陣せず、人の代わりにお金で納めさせた。

猪瀬　昔は百姓も自分の武具を用意して、戦争になると武具をつけて馳せ参じていた。

磯田　泰平の世ですからそれもやらなくなり、理念としての領民の主従関係に変わるのです。

猪瀬　百姓が納めたお米も、直接現物を受け取らず、まずは幕府や大名の蔵に入る。その後、切米（給料）というかたちでもらう。完全にサラリーマン化しています。

磯田　では、領地の農民との関係はどうかというと、農民が「領主」の武家のために、正月に門松を用意するといった儀礼的関係になっています。何もないと武士の誇りがなくなるので、お芝居のようになっていくのです。

「滅私奉公」は江戸時代の武士階層のための言葉？

猪瀬　日本近世史学者の田中圭一さんの『百姓の江戸時代』（ちくま新書）には、「百姓は検地を求めていた」という話が出てきます。検地してもらうことで、所有権が確定するからです。そして所有権があれば、その土地を譲与することもできる。もはや完全に自営業者というか零細であっても経営者です。

磯田　そこがおもしろいところで、大名や武士は自分の領地を売買できない。ところが農民は、自分が耕作する土地の権利の売買が可能なのです。武士で領地の売買が可能なのは、薩摩藩や肥前の大村藩など、一部にかぎられていました。

猪瀬　だから農民が、最も資本主義的になり、そして武士が最も社会主義官僚的になる。だから武士には、「自己責任」という発想がなくなっていきます。戦国時代は、命がけの自己責任だったわけですが。

磯田　「滅私奉公」という言葉は、江戸時代の武士階層のためにつくった言葉ではないかとさえ思います。武士が領主としての「私」をすり潰されて、「公」で生きるために。

武士がこのようになってしまった大きな原因は、やはり火縄銃でしょう。火縄銃の時代になったら、一国を持つほどの大名のところに権力が集中せざるをえない。そうした時代にあって、武士は城下町に集住することを要請されるわけですが、結果としてもたらされたのは幕府や各大名に仕える、サラリーマン化した武士です。

しかも、現代のサラリーマンなら経済的関係で結ばれているだけですが、武士の場合、先祖から子孫に至る永代雇用だから、「忠義」というかたちで永久に逆らえないサラリーマンになるのです。

猪瀬　まさに日本の終身雇用のサラリーマンのメンタリティーに類似している。

磯田　その逆が、朝鮮の同時代の社会です。農民の権限はどんどん弱くなって、領主層である両班《ヤンバン》たちは、ものすごい権限を持つようになる。領主層が、地元の農民たちの生殺与奪の権を握っていました。日本が上と下が太くなったのに対し、朝鮮では真ん中の部分を太らせた。

近代化するにあたっては、日本のほうが有利だったと思います。中世的な武士の領主権は弱まり、将軍と大名の官僚のようになっている。しかも、農民に実質的な土地所有権があるから、農奴ではない。将軍や大名が「法の支配」をやっていて、農民の人権や財産権が保障されていれば、これはもう市場経済や資本制にも移行しやすい。

猪瀬　朝鮮の場合、両班の下にいる人民は、ロシアでいう農奴のような存在になってしまう。そういう社会では、識字率も上がりません。一般庶民の経済力も、文化水準も、幸福度も、日本のほうがはるかに上だったはずです。

しかも、日本の農民は、いわば所有権を持った中小零細企業の経営者です。自立心が育つから、学問して勉強して工夫してもっと儲けようとも考える。江戸時代が意外なほど市場経済社会だったのは、農民に所有権があったから。

江戸時代の百姓は強い「家意識」をすでに持っていた

磯田　彼らはタテマエ的には「小百姓」と呼ばれていましたが、彼らのもう一つの特徴は強い家意識を持つに至ったことです。自分たちの家を代々続けなければならないという、強い家意識を百姓まで持つようになる。

そこから生まれたのが、仏壇や墓地に対する感覚です。いまの日本人を見ても、少なくとも私の親や祖父母の世代で、仏壇のない家はほとんどないでしょう。いまでも、これほど仏壇が売れたり、墓地が売れたりするのは、私から見たら不思議です。戦国末期や室町の段階で、家を持ったり墓域を持ったりできるのは、武家など領主だけでした。百姓は家は持てたとしても、墓域を持ったり仏壇を持って先祖を祀ったりなどできなかったのです。

猪瀬　社会学者のなかには、「日本の民法は、武士の伝統を法制化したもの」などという人がいますが、間違いですね。

磯田　すでに百姓のなかにも、家意識が生まれています。「家名」という意識をほとんどの国民が、意識のうえでは持っていた。江戸時代、百姓は名字がなかったといわれますが、あれも嘘です。公式に名乗れなかっただけで、ほとんどの人が持ってます。墓石に彫り込んでいますからね、自分の家の名字を。

名字帯刀を許されない百姓が、では何を許されていなかったのかといえば、「宗門人別帳」というういわば戸籍簿、住民台帳にあたるものに名字を載せる権利だった、と考えたほうがよいでしょう。庄屋さんでも許された者だけで、まず名字は載せてもらえません。

猪瀬　「宗門人別帳」には載せられなかったけれども、しかし実態としては、百姓も名字を持っていた。

磯田　たとえばお墓を見ると、江戸時代後期頃から俗名のところに名字が彫り込まれているものが、ほとんどです。だから名字を持っていたことがわかる。私が小学生のとき、先生が、「うちの家は名字帯刀を許されていた。なぜなら墓石に私の名字が彫り込んであるから」といったことがありました。でも後に、これが不正確だったことがわかった。墓石に名字が彫り込まれていたのは、領主に許されていたのではなく、農民が勝手に彫り込み、それに対して領主も何もいわなかった、ということなのです。逆にいうと、日本人の大半が擬家名を持つ社会になっていた。

猪瀬　そのあたりをチェックする武士はいなかったのか。もっとも、そこまで介入する必要はまったくないといえば、ないのですけれども。

磯田　ある程度介入するケースとして、町人なのに大名と同じ「居士《こじ》」「院居士」「大居士」といった戒名をつけた場合です。それでも武士たちは、彫ったものを削り取るまではしなかった。

猪瀬　それで罰せられはしない？

磯田　禁止令を出すだけです。とくに大坂あたりがいちばん好き勝手で、「居士」「院居士」「大居士」といった戒名をつけて、しかも墓石の高さも大名墓並みにした。大坂がいちばん、武士の力が弱いですからね。しかし、町人がそのようなことをしても、墓を破壊したり、戒名を削り取ったりせず、「あるものは、しかたない」という対処しかできなかったのが、江戸時代の政権の実態です。だからいま大阪のお寺には、江戸時代に大名並みの戒名をつけた豪商のお墓が、たくさん残っています。

これが示すのは、江戸時代は大名や将軍の権力が高まると同時に、民の権利保障も大きくなったということです。その中間にいた武士たち、戦国時代には小城を築いて暴れ回っていたようなミニ領主たちは、本当に官僚化、サラリーマン化して、何も持たない人たちになっていった。学問的には、サラリーマンとか官僚といわず、「吏僚制」という学者さんもおられます。

猪瀬　そのような豪商や農民の図太さと、武士たちのしがなさを見ていくと、まさに独立自営の「経営者」と、組織に追従して減点されぬように生きていくしかない「サラリーマン」の対比が、そのままあてはまります。

永代雇用のサラリーマンたる武士の人事評価

猪瀬　ところで、永代雇用のサラリーマンたる武士たちの人事評価がどのように行なわれていたか。

磯田　人事評価はけっこう厳しかったです。なんといっても、文字通りの「目付社会」ですから。人的な監視社会という点では、江戸時代はすごいものがありました。

猪瀬　諜報網的な情報が、どんどん入ってくる。

磯田　幕閣や各藩の上役は、それをもとに、おのおのの武士が職務に精励しているかどうかを判断しました。

猪瀬　そのような諜報網として、よく「公儀隠密」という言葉を使いますね。いろいろなところに「草《くさ》」と呼ばれる人たちを配置して。幕藩体制を維持するための情報網です。

磯田　そうです。公式な人事評価は、かなり厳密に行なわれていました。最初は統治能力を見るぐらいでしたが、後に学問をやっているかどうかも勘案されるようになります。そのような情報は、文書にして評価することもありましたし、こっそり耳に入れるのもありました。

たとえば都知事の仕事として、局長や課長の選定は重要だと思いますが、このとき、まず部局から案が上がってきますよね。江戸時代も、たとえば大名家の場合、当初は藩主自身が人事を決めていましたが、時代が下ると、家老たちが会議で決めるようになるのです。それが非常に秘密主義的で、岡山藩の場合、火鉢の灰の上に候補者の名前を書いて「いいか?」と周囲に聞くのです。そこで決まると名前を消し、また別の名前を書く、といった具合に決めていく。

猪瀬　たしかに僕が都知事だったとき、知事自身が何らかの評価を加味できるのは、プロジェクトチームのリーダー以外では、通常は局長の人事までです。だからプロジェクトチームをいくつもつくることで有能な人材を登用しながら改革を進めました。局長人事は、江戸時代に置き換えれば、いわば家老の人事にあたる。それ以下の人事、部長や課長は下の人たちで決める。東京都の場合、局長級は三〇人ぐらいいて、人事の下案は決まっている。それに対し、「ここの局長はこの人にしたい」などと変更することはできましたが、基本的には下で決められた人事案が上げられてきて、それを承認するかたちです。

磯田　家中の人事は、三〇万石クラスの藩の場合、七、八人がズラリと並んで決めます。場所は櫓《やぐら》のなかだったり、殿様の御殿からすごく離れたところだったり。ほかに書記係もいるのですが、いよいよとなったら書記係にも聞こえないように相談する。書記係を務めるのは、祐筆《ゆうひつ》や留役《とめやく》と呼ばれる人たちでした。

ここでおもしろいのは、能力があれば下級武士が決めることもあるのです。もちろん、ちゃんと上級武士が決めたことにするのですが、実務担当者は存外、下っぱの人だったりする。

猪瀬　それは大名家の話ですね。

磯田　ええ。でも将軍家も似ていて、会議をするのは幕閣の人たちですが、奥祐筆と呼ばれる人が過去の事例や法令などと照らし合わせて、人事案を上げてきたりもするのです。つまり世襲制と官僚制が組み合わさっている。

猪瀬　どの藩でも、家老職を務める家は、ある程度決まっているわけですね。とすると、人事評価で決めていかなくてはいけないのは、その下の役職ということになります。

磯田　そうです。家老はお坊っちゃんたちが務めるけれど、彼らだけだと細かいことができない。そこで実務の下役に必ず能力のある人たちを入れるのです。

猪瀬　家老までは世襲で決まるけれど、その下の実務をやる人間を誰にするかは、内輪の人事会議で決めるということですね。

磯田　ええ。江戸時代の末になると、将軍や藩主が人事に口出しできるのは、老中や家老など主要人事と、自分の側近職です。老中や家老の人事の決定は重大で、最終的に将軍なり藩主と、老中なり家老が、茶室などで個別に面談してすり合わせをするのです。

猪瀬　幕末を見ると、下級武士が実質、藩の行動を決めるようになりますから、その意味では実力主義の人事が確かにあったということですね。たとえば薩摩藩の場合、最高権力者であるはずの島津久光が西郷隆盛に「あれをしろ」などと具体的に指示して動かすというよりも、西郷や大久保利通《としみち》がうまく島津久光たちに自分たちの行動を認めさせつつ、具体的な動きは自分たちの意思で行なっていく。

責任と権限は「上」、実質的な差配は「中」

猪瀬　ここで整理すると、江戸時代はもともと「上」と「下」が強くなる仕組みだった。ところが、「上」の人たちに権限も権威も集中したけれども、その運用においては、家老や有能な家臣たちなど「中」の人たちの協議によって、意思決定などが左右されるようになっていく。将軍や藩主など「上」の人たちは、実質的に人事権のような権力は持たないかたちになっていった。

これは明らかに日本の近代の組織と共通していますね。官僚の組織でも、大企業の組織でも、最終的な責任と権限は「上＝責任者」にあり、組織の目的は「下＝国民や顧客」に奉仕することにあるのだけれども、実質的な差配は「中＝局長から部課長、課長補佐クラス」の人間たちがやっていく。

磯田　家老会議は、いわば事務次官会議です。事務次官会議になる前の段階で決めてしまう、実務的に仕切る武士もいました。彼らこそが、実質の人事権を持っていたのです。

よく幕末に来日した外国人、とくにイギリスの外交官たちが、「日本は組織体を誰が動かしているのかわからない」と首を傾げています。藩主が動かしているように見えるが、そうでもない。では、家老が動かしているかというと、これも違う。家老の横に書記役みたいな人がいて、彼らの影響力が強いように思う。結局、誰が動かしているか、本当のところがわからないというのです。

猪瀬　いまでも霞が関はそうですね。組織図の上では権限はもちろん大臣にあるのだけれど、組織の動きを追っていくと、どうも課長に権限があるように見える。しかも、実際に法案をつくる実務を担っているのは課長補佐クラスですからね。

ところで、江戸時代の旗本でも、そもそも自分の「領地」があれだけ分散していて、その生殺与奪権を幕府に握られていたら、独立自営的な精神など涵養《かんよう》されるわけがありません。各藩の家老クラスは「自分の領地」という面ではどうだったか。

磯田　石高の大きい国持大名の場合、家老もそれなりに領地を持っています。たとえば金沢藩には五万石取りの家老がいますし、ふつうの藩でも三万石や二万石の家老は珍しくない。にもかかわらず、家老さえも藩によっては「免（税率）」の決定権を持っていないのです。領主の領主たるゆえんは、「今年は四〇パーセントの税を取る」などと税率の決定権を持っているところでしょうが、家老も自分たちでそれを決定することができない。税率は、藩全体で統一的に決められるものなのです。

猪瀬　三万石や五万石の家老といえば、規模だけで見れば小藩の大名に匹敵しますが、それでも税率の決定権がないというのは、考え方として徹底していますね。ある意味では、大会社の役員クラスが、給与は中小企業の社長と同じでも、結局しょせんはサラリーマンであることと、とても似ています。

磯田　また、それぐらいの家老なら、自分の領地の領民が犯罪を犯したら勝手に処罰しそうなものですが、やはりできない藩が多い。藩の郡奉行に委ねるのです。

これと比較すると、ヨーロッパの領主はまったく立ち位置が違います。もし日本の武士がヨーロッパ的な権限を持った領主なら、領内に酒蔵を建て、領内で採れた米を醸《かも》して酒を造って売るといった商売もできます。ただし商売に失敗してお金がなくなれば、領地を捨てなければならない。日本の武士は、そんなヨーロッパ的な領主とはまったく違います。

猪瀬　日本の場合、武士はそのような商売はできず、造り酒屋を開いたのは名主など豪農クラスか、地場の豪商クラスの人たちですからね。実際的な力を持っていたのがどの層だったかが、よくわかります。

ところが、そのような経済活動の自由がない大藩の家老クラスが、藩の政治決定権だけは持っている。要は、法人化しているということですね。侍は法人に所属するサラリーマン。つまり名義的に自分の領地ではありながら、司法権も徴税権も実質上ない。徴税権があるのは大名で、そこから一定額を受け取る。あくまで組織をもって動くわけです。

磯田　そして武士たちがひたすら見ているのは、家老や藩主といった上の人たち。とかく、上の目ばかりを気にして仕事をしている。そこは政治学者の丸山眞男さんが指摘するとおりで、そのようなあり方が長く続くうちに、日本型の組織は、上に対する義務しか考えなくなった。行政をする際にも、百姓の生活水準を上げることが目的だとはいいながら、実際の論理構造は少し違っている武士が多い。すなわち、百姓の生活水準が落ちることは「主君の徳を傷つけ、主君の利益を害する」からいけないのだ、と発想するのです。上に対する責任感はあるけれども、それだけだということです。

猪瀬　現代の日本のサラリーマンのなかには公務員でも会社員でも、口では「国民の皆さんのため」とか「お客様のことを考えて」などといいながら、その実は自分の出世のことや、役所や会社の利益、経費削減などばかりを考えている人もいますね。よく「ヒラメ社員」などといわれますが、たしかにそのような人は、自分の行為によって上からどのように評価されるかしか考えていない。それと同じといえば、同じです。

武家の財政赤字の根本原因は「格式」

磯田　いま話に出たように、江戸時代の武士には経済活動の自由はありませんでした。やっていいのは内職まで。そのうえ、その暮らしはいつも赤字基調です。江戸時代の武士がなぜいつも財政赤字になるかというと、格式の問題が大きかった。「体面上、このぐらいはしなければならない」という不文律があって、それより上でも下でもダメなのです。それを保つために、不合理な支出が多かった。

たとえば江戸城は、あらゆる他の城よりも、大きくなければならない。それは、格式の序列で決まっています。家老は、大名のような塗り物の駕籠に乗ってはいけない。すべて身分の序列ができている。

なぜ、このような格式が重んじられたかというと、ひと言でいってしまえば社会の秩序を守るためでした。

戦国時代は下克上の世界であり、他人にひざまずくどころか、あわよくば自分が天下人になろうというエネルギーに満ちた社会です。そのようなエネルギーをガス抜きするには、「格式」という物差しが必要だった。それであらゆるものについて格を定め、その棚に日本人を入れ込んでいったのです。格式で仕切られた棚のなかに、序列順に「あなたはここ」「あなたはここ」と入れて、あまりそれ以外の世界を望ませないようにした。

身分をわきまえない行為を「僭上《せんじょう》」といいますが、僭上をやめさせるために、将軍は将軍の格式、大名には大名の格式を定めた。その大名にも、国持大名と城持大名と陣屋しか持っていない大名がいて、さらに石高や官位も違う。それぞれについて格式を定めたのです。

それを世襲にして、親子代々、同じ格式を受け継ぐ。いま以上は望ませない教育が始まるのです。これはいまの日本の政治家の世襲にまでつながる、極めて重要な問題ですが、もとは戦国のエネルギーを封印するためにつくられたものです。

猪瀬　そこで思いあたるのは、幕末に、二宮金次郎が小田原藩家老の服部家の借金返済計画で苦労した話です。

僕は『二宮金次郎はなぜ薪を背負っているのか？』（文春文庫）という本で、戦前の修身の国定教科書には孝行、勤勉、学問などの模範として、ひたすら根性と質素倹約の人と誤解され理解されている二宮金次郎を実像に即して新しい視点で描きました。

二宮金次郎の父は小田原藩の領内に住まう上層農民でしたが近傍の酒匂川《さかわ》の氾濫で困窮し、金次郎が十三歳のときに亡くなります。金次郎はそれから一家の大黒柱として刻苦勉励を重ねます。しかし、彼の発想はとても合理的で、苦労の末にわずかながらも財を成すのですが、あの背中の薪はただ根性で背負っているのではなく、換金商品として付加価値の高いものだったからです。江戸時代だからといって薪はその辺に転がっているわけではありません。入会地《いりあい》で取れる細い枝などの柴は村の共有財産ですから、個人が売りさばくわけにはいかない。金次郎は箱根に近い山林を二束三文で買い取り、そこで取れた薪を宿場町でもあり城下町でもあった小田原の都市部で売りさばいたのです。当時の燃料代は、現在の電気代の二倍以上した。しかも、生産、流通、販売を一人でやるので利益率が高い。

その財を元手に農民たちへ低金利で融資する事業を始める。その発想のもとを得たのは、小田原藩家老の服部家から、服部家の財政再建を任された経験からです。

当初、金次郎の服部家再建策はことごとく失敗します。小田原藩主の大久保忠真《ただざね》が幕府老中に栄進し、服部家の当主十郎兵衛も江戸詰めになり、そのための支出が増大したからです。その折、やはり家老が格式の話をするのです。江戸城へ行くときは、どういう裃《かみしも》でなければならないとか、この品はこれぐらいの格のものでなければならないとか。そういうところで避けられない出費がある、といった具合に。

そこで金次郎は「分度」という発想をします。つまり、家格や体面を守るために支出が膨らんできたが、借金がかさんでいる以上、年貢収入の実績データに基づいて支出を決めるようにしなければならない。支出にキャップを嵌《は》めるのです。それが「分度」です。

もちろん倹約・節約など固定費の削減だけでは借金の返済は難しい。固定費を削減して浮いた余剰資金を運用して増やさなければならない。高利で借りていた借金は借り入れ先を変える、低利借換えなどの手段で借財を整理していくしかない。

金次郎の改革は、その後、小田原藩の全体に及び、関東平野の各地からの依頼もあり、天領の日光や遠くは福島の相馬藩にまで出向きました。

現在もなお生き続けている「官職二元制的原理」

磯田 金次郎の「分度」の話は、象徴的ですね。江戸時代の社会思想教育の基本は、「分の思想」なのです。まさに、「分相応」の考え方で、「お前はそういう分なんだ」と教え、自覚させる。人間を分で分断し、その埒内《らち》で暮らすようにする。間違っても秀吉のような農民の分の人間に、天下人になろうなどと思わせないようにする。このやり方で「みんなで平和に暮らそう。争いばかりの戦国時代にならぬようにしよう」というのが江戸時代の発想なのです。

そして分ごとに、持ち場と暮らし方が決まっている。武士には「武士の一分」がある。その分に応じた行動の型が定められ、こういう場合は、こう行動しなくてはならない。それがつらくても悲しくても、やらなければいけない。やっていれば、全員生活は守られる。結婚もほぼ皆できる。そういう社会になっていました。

これを朱子学が理論づけて、すごく後押しします。「あなたは武士なのだから、武士の一分に従って、決められたその役割期待に従って生きなさい。天体の運行と同じで、それが自然の摂理です」と。でも実際には、人間に「こうしなければならない」などという自然法則的な義務などないですよね。

猪瀬　まさにそこにメスを入れたのが、二宮金次郎だといえるでしょう。

「分」の話でいうと、第二章で引用した今谷明さんの『戦国大名と天皇』におもしろいことが書いてありました。戦国時代の大名たちは、自分の「分」を上げるために、盛んに朝廷に働きかけ、「官職」を求めた。「官」と「職」は二元制的な原理になっている。

今谷さんは、官職二元制的原理が現在もなお生き続けているとして次のように書きます。

〈たとえば国家公務員の場合、大蔵省の予算査定を担当する官僚を例にとると、官が大蔵事務官、職が主計局主計官補佐などとなり現在でも辞令には官と職の双方が明記される。また国立大学の助教授を例にとると、官が文部教官、職が何々大学助教授という具合で、これまた辞令に書かれている〉

同じように戦国大名でも、たとえば出雲国・月山富田城主の尼子晴久の場合は、「官」が修理大夫・従五位下で、「職」が出雲、隠岐、備前、伯耆《ほうき》、因幡、美作《みまさか》、備中、備後の八カ国の守護職だというのです。

磯田　今谷さんは、京都大学経済学部を卒業されて大蔵官僚になり、その後、京大大学院の文学研究科に入学されて、学者の道を歩まれていますからね。

この両者の違いは、「格」と「職」の違いともいえるでしょう。その人の身分や格式、上下関係を表わす縦方向の糸が「格」で、「職」とは担当している持ち場の名前です。

猪瀬　東京都なら、「格」が理事で、「職」が何々局の局長ということになるわけです。ただし、理事でも局長ではない人がいる。企業もそうです。この本を出しているPHP研究所だってそうで、著者に対して出版局長と名乗っている人が社内では理事だったり、編集長だという人が参事だったり主事だったりする。

磯田　PHPも官僚機構に似ているのですね。

猪瀬　PHPをつくった松下幸之助さんは、出発は民間の最たるものですが、でも、そういう「格」や「職」を併用している会社が多いのです。銀行や商社、メーカーなど大企業はだいたいそうみたいですが、それが出版社のPHPにまで及んでいるのがすごい。

じつはこれは本質的な問題で、このダブルミーニングは昔からありました。天皇が与える「従五位下」などという官位と、「何々の守」という職と。そして本来、その国を支配する国司、すなわち「何々の守」は一人しかいないはずなのに、戦国時代には勝手に僭称したり、江戸時代になると官職をもらう人がだんだん増えていったりする。大名たちは、本気で「官職」が欲しいわけです。ある意味では、この官職が、自分の「分」を変えて、上の立場に上昇していくための象徴的かつ決定的なものだった。

だから、その部分をしっかりと保証してくれる存在として、日本では天皇は残り続けてきた。農民の出身といわれる豊臣秀吉が、最初は筑前守《ちくぜん》を名乗っていたのが、従五位下・左近衛権少将、従四位下・参議、従三位・権大納言、正二位・内大臣、従一位・関白となっていったのは、とてもわかりやすい事例だということになります。秀吉は没後に正一位を贈られていますから、まさに文字通り「位人臣《くらいじんしん》を極めた」わけです。

ちなみに浅野内匠頭は従五位下、吉良上野介は従四位上で吉良のほうが官位は高い。

長く座っていれば、何かおこぼれがある

猪瀬　戦国時代はそのようにして、大名が直接朝廷とかけあって、自分の「分」を上げようとしていたわけですが、江戸時代になるとそれは征夷大将軍が決めることになります。

しかし、このような格式の伝統が一貫して続いているのは、日本のとても興味深いところです。「大蔵事務官」と「主計局主計官補佐」などといった官職の二重構造が、江戸時代か

ら変わらずに続いているのですから。このような姿を見ていくと、「明治維新はブルジョワ革命だ」などという理解が、いかに浅薄なものかがよく見えてきます。

磯田　おっしゃるとおり、武士社会の伝統は脈々と現代にもつながっています。その良い点、悪い点はもちろんあって、たとえば、いま日本の生産性が低いといわれるのも、まさにそのような部分に原因があるのでしょう。あまりにできすぎた武士社会の残滓《ざんし》による後遺症があって、それにとらわれているのです。

いちばんまずいと思うのは、時間と意思決定です。時間とは、その組織に座っている時間が長い譜代の者ほど、意思決定に参与することが自動的に決まっている。

たとえば、出版社に入社して、出世階段を登って、理事の格式が与えられた者は経営会議に出られ、組織の意思決定に参与できるのだとしましょう。これが当然のように思われていますが、私が会社の経営者なら、おかしさに気づきます。新しい書籍のシリーズを立ち上げるにあたって、いちばん知恵を出しそうな人は、格式が高い人でも、長くいる人でもありません。新しいプロジェクトにふさわしい人を見つければいい。抜き打ちで入社三〇年の役員と新入社員を連れてきて、「出版事業の展望はどうか」とか「後発組でも勝てる方法をいますぐ考えろ」などと質問して、いい答えをした人たちを集めて会議をする。これがいちばんいい作戦を立てる方法なのです。

それなのに長くいる人だけを重用して、高い処遇を与えてやらせることが当然になっているのは、武士社会のいちばんダメなところを踏襲していると思います。日本は、もうそろそろこれをやめないといけない。

あるいは新社屋を決定する会議なんて、当然のように取締役だけでやりますが、実際に走り回って働いていて、場所についての直接の利害にいちばん直面するのは、現場で働いている人たちであり、現場指揮官であるはずです。そういう人たちの声を汲み取ったほうがいいのに、彼らの考えすら入れずに会議を進め、意思決定を行なう。そのおかしさに気づかず、そういう方法があることも考えないのが、型にはまった日本人の特異なところなのです。

もう一つ、兼業を許さないのも、武士社会の残滓といえます。その会社専属であることで、忠誠を示す。その社員に他で儲ける能力があったとしても、他に所属したり、儲けたりすることを許さない。

猪瀬　肩書きが二つあること自体、意味不明ですね。肩書きなんて、局長や編集長だけでいい。それを理事や参事などというのは、武士を正三位とか修理大夫とか呼ぶのと同じでしょう。淡路を統治してもいないのに淡路守とか、実態が伴っていない。そんな肩書きのあり方が残滓として、江戸時代からいまだに続いているのがすごい。ふつうは一度壊れるはずなのに、そうならなかったのは、やはり日本の特質でしょうね。

磯田 これによって、みんなのある程度の利益を保障していたのです。「長く座っていれば、何かおこぼれがある」と。

実力主義で成り立っていた勘定奉行

猪瀬 ただし、それだけでは社会がもたないので、江戸時代にも実力主義的な部分があった。それが勘定奉行をはじめとする専門職です。たとえば勘定奉行あたりは、世襲以外の人が実力で登用されることが多かった。格式だけで生きる武士もいますが、実際に切り盛りしなければならない人は、それだけでは済みませんから。このあたりのバランスがじつに興味深い。

磯田さんの「穀田屋十三郎」(『無私の日本人』〈文春文庫〉所収)が原作の映画『殿、利息でござる!』で、大肝煎《おおきもいり》という役職の人が、代官のところへ頼みに行くシーンがありますよね。ところが別の代官のところへ行けといわれてしまう。あれはなぜか、一人で決裁できない。

磯田　代官には相役というものがいて、相役の同意も必要なんです。

猪瀬　代官が二人の相役からなっていて、これだと責任逃れができる。

磯田　江戸時代は権力を分散させているので、必ず同じ職を二人で務めさせたりする。江戸の北町奉行と南町奉行もそうですね。月ごとに順繰りに代わるのです。

猪瀬　そのような仕組みにするのは、家来が余っているから。

磯田　それもあります。軍事組織を官僚制にして横倒しして使っているわけですから。いわば「戦争がないときの暇なアーミー」で、彼らに役職をつくってあげる必要がある。

猪瀬　映画では代官の一人は「いい」というのに、もう一人は「ダメ」という。あのような描写を見ていると、なぜ二人もいるのか、不思議でならなくなります。

磯田　手続きも複雑にして、役職を増やし、ハンコを押す係の人を増やすのですね。権限も分散して、一人に力をもたせない。これで平和を保つ。

江戸の北町奉行と南町奉行の場合は、江戸市中の訴訟など、さまざまなことを担当するわけですが、月番制で非番のときには、何もしないで休みます。もちろん、残務処理はしますが、それはそれほどたいへんな仕事ではなかったはずです。町奉行所はたしかに忙しいのですが、一面では、それは仕事の進め方が非効率だからだともいえる。

代官も忙しいことは忙しいけれど、現代ほどの忙しさではありません。ほとんど庄屋や下部組織がやってくれますから。

猪瀬　代官は世襲でもできそうですが、勘定奉行あたりはやはり世襲ではできない。実力、能力が伴っていないと難しい仕事です。

磯田　おっしゃるとおり、数学的な知識が必要となる経済官僚の実務は、経済的な才覚がない人たちには無理です。だから世襲制や身分制とは別の風穴を用意しておいて、実質的な業務は彼らにやらせる。このやり方が、おそらく明治維新後の試験官僚制につながっていくのです。

江戸には昌平黌《しょうへいこう》（昌平坂学問所）があって、これは一種の官僚養成機構でした。とりわけ江戸時代の後半、寛政の改革以後にはその色合いが濃くなっていきます。ただ、これは経済官僚を養成するというよりは、上級の行政官僚を養成するような位置づけですね。ともあれ、これが明治の試験官僚制のもとになったと思います。

江戸時代には、「学問吟味登科済」という登用試験も行なわれていました。各藩の藩校の優秀な人間に試験を受けさせることもありました。寮があって、各藩の優秀な人を受け入れる。基本的にはそこで学んで、また各藩に戻っていくのです。一種の交流機関です。各藩から来て、そのまま幕府の役人になる人もいますが、この場合、「何々藩藩士」という身分だと無理なので、どこかの旗本なりに養子に入るといったことをしました。

天明期に狂歌で有名になった太田南畝《なんぽ》は、御徒《おかち》という下級武士の家の出で、若い頃はいろいろふざけたことを書いていたわけですが、四十六歳のときに「学問吟味登科済」を受験して優秀な成績をおさめ、支払勘定に登用されています。

明治以後も「世襲と実力主義の併存」という姿は変わりません。貴族院にはやはり世襲の政治家がいました。公家や維新の功臣からなる華族のうち位の高い家は、「皇室の藩屛《はんぺい》」として貴族院の議席を世襲にしていました。一方で東京帝大出身の内務官僚出身者など能力主義の人たちもいて、彼らが貴族院を支えるかたちになっていました。

優秀な人材を見つけるのも大切な仕事の一つ

猪瀬　そのバランスはとても興味深いところですね。逆にいえば、世襲社会を支えるものこそ、能力主義的な抜擢人事だったといえます。それによって社会の安定と、実務的な機能性の両面を確保していくわけです。その意味では、勘定方は「能力主義」の象徴的な存在だったわけですが、それが勤まりそうな数学的才覚のある人材を、江戸の社会ではどうやって見つけたのか。

磯田　勘定方に手代として入ってくる家系のなかから見つけるのです。川路聖謨《かわじとしあきら》が典型で、彼はもともと豊後《ぶんご》（大分県）にある日田《ひた》代官所の小役人の子です。最初は農民たちが手伝うような代官所で働いていたのが、勘定奉行所の下級吏員資格試験に合格し、以後、次第に頭角を現わし、勘定奉行にまで出世しました。

榎本武揚《えのもとたけあき》の父親もそうです。福山近郊の農村で、幕府から派遣されてきた代官に秀才として認められた。そして江戸に連れて行かれるのです。これが出世の始まりで、そこで勘定方に勤めるようになると、次に勘定吟味役の官吏登用試験に合格し、下級武士になる。勘定吟味役になると、いろいろなところに派遣されるようになり、さらに頑張ると奉行になることもあります。たとえば佐渡の金山で金の産出量を増やしたい場合には、こういう能力が高い人たちを佐渡奉行として送り込むわけです。

猪瀬　なるほど、うまい抜擢システムがあったわけですね。田舎のほうで奉行を手伝っていたら、「お前、頭いいな。推薦するから江戸に行け」などといわれ、江戸でも助手などをやりながら、少しずつ認められていく。「じゃあお前、これもやれ」となっていくのでしょう。問題は、そういう人がどの程度の率で発見されるかですね。江戸は情報化社会だから、かなり見つけやすかったかもしれませんが。

磯田　地方に派遣される代官は、優秀な人材を見つけて連れてくるのも仕事の一つだったのです。

猪瀬　六代将軍・家宣《いえのぶ》の側近だった新井白石《はくせき》も、まったく偉くない家の出身です。父親の新井正済《まさなり》は上総久留里藩で目付を務めていましたが、仕えていた藩主・土屋利直が亡くなって跡を継いだ土屋直樹が狂気の質で、それを嫌って浪人になってしまいます。しかし新井白石は、独学で儒学を学んだ後に、朱子学者の木下順庵に入門。そしてその推挙で、甲府徳川家の藩主であった徳川綱豊の侍講となります。五代将軍・綱吉に嗣子がいなかったため、徳川綱豊は第六代将軍に就任することとなり、徳川家宣となります。白石は将軍・家宣の右腕として、大活躍をするわけです。

江戸時代には、そのようにして出世していく実力者が、かなりいたということです。じつはいろいろなルートから出世の道を駆け上がれる可能性があった。

磯田　猪瀬さんみたいに、作家からいきなり副知事になって、知事になる。そんなあり方に近いですね。

江戸時代には、政治任用もあったのです。大きくいえば、道は二本ありました。一つは、勘定方から引き上げられて実務担当で上がっていくもの。もう一つは、学問を修めて藩主の学問における顧問的な存在になり、権力中枢の横に座るというものです。

幕末期に活躍した長野主膳もそうです。藩主になる前の井伊直弼《なおすけ》の師でしたが、井伊直弼が彦根藩主になり、さらに大老になったことで、幕府から公的な地位を与えられたわけでもないのに、幕政に大きく関与するようになったのです。老中になるような殿様の先生役になれば、意外な人が日本全国へ影響を与える場合があるのです。

猪瀬　米沢藩の上杉鷹山《ようざん》の学問的な師だった細井平洲もそうですね。細井平洲は、江戸で嚶鳴館《おうめいかん》という私塾を開いていたところ、乞われて上杉鷹山の師となったわけです。これはやはり、江戸がすごい情報化社会だったからこそのことでもあります。なにしろ、町で評判の学者の話を聞きつけて、「ぜひ師として招きたい」となるのですから。

磯田　評判はすぐに広がる社会ですから。

武士たちは「気受け＝巷の評判」を気にしていた

猪瀬　幕府が「気受け」という世評を気にしていたのも、そういう土壌ができあがるためには大きなことだったのでしょう。東京工業大学教授の山室恭子さんが、ＮＨＫの『視点・

論点』という番組で、「江戸の経済官僚」と題するお話をされていたのを見たのですが、その内容が、現時点ではウェブにも掲載されています。

山室さんはこうおっしゃいます。

〈「気受け」という言葉をご存知でしょうか。今ではほとんど使われませんけれど、江戸の官僚さんたちが、いちばん心にかけていた言葉です。「気受け」とは世間の評判、世論のこと、自分たちが考えに考えて実施した政策を民びとたちがどう受けとめ、どんなふうに噂しているか。そのことを、官僚さんたちはとても気にしていました。隠密廻《まわ》りという町の噂を聞いてまわる専門職まで置いて、政治に対する人びとの評判をいっしょうけんめい集めています。いまの政治家さんが、支持率とかテレビ映りを気にされるのと、ちょっと似てますね。

でも別に選挙で選ばれるわけでなし、武士としてふんぞりかえっていても良さそうなのに、どうして江戸の官僚さんたちは、そんなにも世間の評判を気にかけたのでしょう。

政治を預かっている、という意識が強かったんだと考えられます。自分たちが携わっているのは神聖なるご公儀の仕事であり、ゆめゆめ上様のご政道に誤りがあってはならない。そうした強い意識がありました。民の声は天の声、どんなに考え抜いた政策であっても、民びとの気持ちが付いてこなければ上様のご政道に傷が付いてしまいます。だから、政策を打った後、それを民びとがどう受けとめるか、「気受け」＝巷での評判に真っ先に耳を澄ませました。

「どうにも気受けが悪いよなあ」と反省して、いったん出した法律を引っ込めてしまうことだって、ありました。政策の影響を受ける庶民たちの声に真剣に耳を傾け、まずいぞと判断したら、思い切りよく撤回する。江戸の官僚さん、謙虚でいなせでステキです〉

(http://www.nhk.or.jp/kaisetsu-blog/400/259080.html)

少し江戸の武士たちを持ち上げすぎているきらいもなくはありませんが、しかし、江戸の武士たちが「気受け」を気にしていたというのは、とても興味深い指摘です。「気受け」を気にするからこそ、殿様も能力のある学問に秀でた人を師にしようとするわけですし、自分が国政なり藩政を見る場合には、そのような学問に裏づけされた善政を布こうとするのです。

磯田　ほかにも近世初期の勘定奉行には、手腕を買われて抜擢された人が多いです。元禄時代の貨幣改鋳で知られる荻原重秀《おぎわらしげひで》もそうだし、もっと前なら能役者出身の大久保長安がいます。

猪瀬　大名は、いわば会社の売上げを伸ばさなければいけない社長と同じ立場です。上場企業の社長としては、売上げをどんどん伸ばすために、優秀な人材をスカウトしたい。その意味では、非常に合理的です。優秀な人材を採れば業績も上がって、声望も高まる。幕府で重い役に就けるかもしれませんし、転封《てんぽう》などでもっと豊かな土地に移れるかもしれない。

磯田　いわゆる名君賢臣ですね。その組み合わせで、幕府の重職を担っていくのです。

「情報ネットワーク」と「弟子システム」の不思議

猪瀬　上杉鷹山は、いますごく高く評価されていますが、当時の彼の評判はどのくらい伝わっていたのか。

磯田　あっという間、ほぼ同時です。たとえば熊本藩で改革が始まって、熊本藩の大坂蔵屋敷に年貢米がたくさん運ばれ、蔵がお米で一杯になったけれど、建て増しが間に合わないから屋外に米俵があふれている――そんな状況になれば、すぐに他藩の藩士がその様子を報告書にまとめ、それを藩内で読むのです。そして「改革は熊本藩に学ぼう」となり、すぐに熊本藩に留学生を派遣する。

猪瀬　いま、成功した自治体のところに、みんなが視察に行くのと同じです。

磯田　おっしゃるとおりで、すぐに視察に行きます。お互い注目している。そのスピードはすごいです。

猪瀬　そこは本当に不思議です。江戸の情報化社会のツールは何なのか。隠密がいることと、街道や宿場が整っていること……。

磯田　さらに参勤交代もあります。また、私塾の存在や、昌平黌や藩校のネットワーク、漢詩文による交流もありましたし、江戸に参勤している読書人同士の読書会のようなものもありました。いろいろなネットワークがあるのです。

猪瀬　吉田松陰も、長州藩の軍学者として、さまざまなところから話を聞き、「長崎や肥後（熊本）、肥前（佐賀）に行かなくてはならない」「水戸で会沢正志斎たちに学びたい」「東北の海防を調査しなければいけない」と考え、長州（山口県）から出発して日本中を視察して回り、いろいろな人物とネットワークをつくるわけですからね。信州松代の佐久間象山《しょうざん》も、そういうネットワークが日本中に張り巡らされていればこそ、あれほど有名になった。彼のいた松代藩なんて一〇万石程度なのに、それが全国に名前を知られるようになるのですから、すごい速さです。

出版産業ものすごく発達していた。江戸時代に大ヒットした十返舎一九《じっぺんしゃいっく》の『東海道中膝栗毛』は、篇によっては一万部以上売れたといわれます。当時の出版規模を考えたら、これはすごい数字です。とにかく情報が速い。

武士だけではありません。島崎藤村の『夜明け前』の主人公の庄屋のところには、情報がどんどん入ってくる。それで「いまは夜明け前だ」と思うわけです。そんなスピード感です。

現代の日本は、情報サービスではグーグルやアマゾンに負けていますが、当時の世界のなかで、日本の情報の流通速度はすごいものがあった。松尾芭蕉が「おくの細道」を旅したときも、庄屋の家に招かれて接待を受けていると、近隣からみんなが集まってくる。いまならテレビなどで顔が簡単にわかるけど、そんなものがない時代でも、みんな松尾芭蕉が来ることを知って弟子入りする。そこから情報交換も生まれる。

磯田　口コミ社会で、「松尾芭蕉が来ているらしい」という話がすぐに回るのですね。

また江戸時代は、「師匠」とか「先生」といわれる人たちの責任感と世話焼きぶりは、すごいものがあるのです。これは大正時代ぐらいまで続くのですが、いまでも落語家なんかそうですよね。不思議に思うのですが、弟子といっても自分のライバルです。それを自分のお金で食わせ、教え、育てるのですから、変なシステムです。

夏目漱石の時代までそういう風潮は残っていて、漱石も「木曜会」という、木曜日には奥さんが食事をつくって、みんなに振る舞う会を設けていました。地方から文学を志して上京してくる青年が訪ねて来ると、箸にも棒にもかからないような人でもちゃんと会うのです。そして木曜会に呼ぶ。

いまどき、そんな作家いませんよね。「文学をやりたいのですが」という手紙を作家に出す人もいないでしょうし、そういう人を作家が書生として居候《いそうろう》させることもない。彼らを泊めるような部屋もない。ところが当時は、そういう世話をするシステムが成り立っていました。そしてその代わり、一朝《いっちょう》事があれば、そういう人たちが先生のために奔走するのです。

融通無碍な「しなる江戸」の柔構造

猪瀬　江戸時代の実力主義的な部分は、やはり見習うべきところがあります。農家の子の能力を見抜いて江戸に連れてきて、パッと抜擢するというのは、かなり自由な社会でもあった。形式主義の極致とインフォーマルの極致が、絶妙かつ融通無碍《むげ》に混ざりあっている。

磯田　それにより、硬いけれど柔軟な構造が保たれていた。簡単に倒れない建築には硬い部分と軟らかい部分があるように、「しなる江戸」というのは、そういう柔構造を持っていたのです。

猪瀬　たくさん形式主義的な敷居があるのに、逆に、とびきり柔軟な部分もある。そこが江戸という社会の不思議なところですね。ある意味では、とことんまで形式主義的な社会である自覚があるからこそ、融通無碍な部分をうまく組み込んでいるともいえます。逆にいえば管理社会といいつつ、形式の管理しかしないので、実務領域は空白で自由さが残されていた。

磯田　現代の企業だって、そのような仕組みはできると思います。内閣にも、内閣官房参与という仕組みがありますよね。内部知識がない場合、外から注入するのです。官僚機構の場合、審議会のメンバーというかたちを採るのも、同じ理屈でしょう。

もっとも、現代日本の官僚たちは、内閣参与や審議会メンバーの意見をそれほど聞いているようには見えませんが。そこは、江戸時代の殿様が学問的な師の意見を仰いだ姿とは大きく違っています。そこをうまくできるかどうかは、人間的な器が要求されるところでもありますからね。

猪瀬　考えてみたら僕は、霞が関でも都庁でも、かなりインフォーマルな存在でした。道路公団民営化なんて、道路関係四公団民営化推進委員会の委員として、小泉純一郎首相と組んで、タテ組織に、まあ、横から入ってきて、勝手にやってしまったようなものです。

だから考えようによっては、形式主義というのは意外と脆弱でもあるのです。実力主義の塊だったら、僕のような存在などが入っていけません。形式主義だから、空いているところにインフォーマルな力が入っていけるのではないでしょうか。

磯田　その意味では、けっして世襲も悪いことばかりではないのです。若い人の人材供給ができますし、世襲だと自分が能力主義的存在ではないことを自覚しているので、「能力のある人の言を容《い》れなければいけない」という動機も生まれる。実力主義だけの組織だと、変な嫉妬や足の引っ張り合いなども起きかねませんが、世襲で来た人には、そういう悪いこだわりも少ない。「賢に任じて弐するなし」と大名が座右の銘を揮毫《きごう》していたりする。賢い人に任せて、ぐらつかないという古代中国の言葉です。

大事なのは意見を聞いていい人といけない人の峻別で、それができなくなると弊害が起きるのです。聞いていい人を見分けるには、まず人間を見る。近づいてくる人の本性を見抜くことが、世襲制では極めて重要なのです。

「ペーパーテストによる平等主義」は正しいか？

猪瀬　明治の初期も、抜擢人事は数多くありました。コネ人事と抜擢人事があって、実力主義とコネが混在していた。

実力主義の人事の最たるものは、後年、総理にまで登り詰めた高橋是清《これきよ》でしょう。もともと仙台藩の足軽の養子に入りますが、横浜のヘボン塾で学び、藩命でアメリカに留学。しかし、アメリカの貿易商に騙されて渡航資金をまき上げられたうえに、アメリカでは年季奉公に出されて奴隷労働をさせられてしまいます。なんとか帰国した後は、英語教師をしたり、芸者の置屋の仕事をしたりもしますが、紆余曲折を繰り返して文部省、農商務省などの官僚としても活躍します。その後、官僚を辞めて取り組んだペルーの銀鉱山開発事業で騙されて破産しますが、日銀本店建設の現場監督として日本銀行に入行。そして、日銀でもみるみる頭角を現わして、日露戦争当時は副総裁として戦費調達で大活躍。以後、日銀総裁、大蔵大臣、総理大臣と要職を歴任します。とくに大蔵大臣として昭和金融恐慌や、世界大恐慌時の昭和恐慌などから日本を脱出させた手腕は、じつに卓抜なものでした。
高橋是清があれほどの活躍をできたのは、若い頃からさまざまな辛苦を乗り越え、世の中の酸《す》いも甘いもすべて知り尽くしていたからでしょうが、現代の日本では、このような破天荒な生き方はなかなかないことですし、中央省庁や日銀にこのように自由に出入りして出世していくということ自体、考えられません。

磯田 社会のリーダーに必要な能力は雄弁さです。なにしろカエサルやナポレオンのように人びとを導くのですから。人を説得して、口説き落として、影響を与え、引きずり回す。ところが東大法学部を見ると、ペーパーテストであんなに点は取れるのに、雄弁は問われない。官僚も説明力が大切です。つまり、大正期から今日まで、この国の学歴エリートは幕末の志士あがりと違って弁が立たない。古代ギリシャでもローマでも雄弁かどうかは重視されていて、トップリーダーやエリートは優れた弁論術が求められるものです。

猪瀬 日本でも大正から昭和初期にかけて、軍人でさえ学力エリートが出世するようになっていきますね。大正時代になる頃から「藩閥人事はおかしい」「公平にしろ」という問題意識が噴出しはじめる。
そして第一次世界大戦終結後、大正十年（一九二一）に、当時陸軍の中堅幹部であった永田鉄山、小畑敏四郎、岡村寧次《やすじ》、東條英機が「バーデン＝バーデンの誓い」をするのです。彼らは駐在武官として欧州に滞在していましたが、バーデン＝バーデンという保養地に集まって密約を交わしたのです。そこで誓われたことの一つが、藩閥によって出世が妨げられない軍をつくるというものでした。

そのようなこともあって、平等を目指して生まれてきた仕組みが、いわば偏差値で将来の道を決める世界でした。陸軍士官学校での成績がよい者から順番に、参謀将校の養成機関である陸軍大学校に行くことが、ますます重んじられるようになっていく。ペーパーテストで一点多いかどうかで人間を選ぶのが、公平というわけです。

本当は人間の価値を、もっと多様な視座から測らなければならないはずです。逆にいえば、「ペーパーテストによる実力主義が平等だ」と強調しはじめたあたりから、官僚機構が本当の実力とは言い切れないものだけを尺度にするようになるのです。

磯田　日本陸軍も、日露戦争で勝つまでは面接も重視していました。なにしろ、幕末から明治にかけての動乱で実際に死線を潜った人も多かったので、戦場に立ったときに役立つ人と役立たない人が、肌感覚ですぐにわかったのでしょう。明治の軍人たちの写真を見ると、みんないまにも説得力ある話し方で語りだしそうな顔をしています。のちに日露戦争で日本を救う児玉源太郎が陸軍に採用された決め手は、長州系出身もありますが、物言いがはっきりしていたことでした。

ところがその後、「人」を見なくなる。申し訳ありませんが、明治の将軍たちと昭和の将軍たちは面構えが全然違います。わずか数十年の違いなのに、驚くほどです。

ペーパーテストができる人を集めたうえで、さらに別ルートで、雄弁でコネも自分でつくれるぐらいの外交力のある人など、おもしろい実力がある人を選んで入れればよかったのです。やはり入口は複数あったほうがいい。それをやらずペーパーテストだけで入れてしまうからダメなのです。

猪瀬　なぜ「人を見る」ということが、できなくなったのか。幕末や明治初期は動乱期ですが、それが終わって大正時代ぐらいになると、もう明治の国家建設は終わったという意識になる。悪い意味での役人根性になってしまうのです。組織への入口がペーパーテスト一本になっていったのは、いかにもまずかった。

いっぽうで原敬《たかし》みたいな藩閥ではない人が出てきて、政党政治をつくりあげようとした。官僚の抜擢も行ない、それで三島由紀夫の祖父も抜擢されました。こうして全国をもう一度再編するようなかたちでニーズを汲み上げ、政党というのは生まれた。そして総理大臣となりますが、結局は暗殺されてしまう。以後、政党政治は崩れていきます。結局、統治機構である官僚と財閥をバックにした政党との不毛な対立のなかで、全体が壊れていく。

「分の思想」の江戸社会のほうが現代より多様性があった

磯田　明治の力強さの一つに、各藩から優秀な人たちを集める「貢士《こうし》制度」があったと思います。加えて、洋学教育を行なう大学南校や初期の東大も、藩が人間を見て選抜し、送り込んでいるのです。たとえば福岡藩から送り込まれた貢士は、金子堅太郎と団琢磨《たくま》です。『養生訓』で有名な貝原益軒や亀井南冥《なんめい》をはじめ多くの学者を輩出している藩が、「基礎学力があって、かつ交渉力があり、財務のこともわかっていて、上役にも好かれる魅力がある」といった観点から人を見て選抜し、送り込んでいる。ですから日露戦争の外交交渉で金子は、アメリカのルーズベルト大統領を調停役として連れてくることもできた。明治は各地から多様な人材を集めていました。

猪瀬　人を見る目を失うのが大正時代頃で、国家のなかの自分、というものが見えなくなってきていた。それがいまも続いている。

磯田　見る場がないからです。だって子供は学校のなかでしか活動していませんから。

猪瀬　ペーパーの入学試験一本で大学入学者を振り分けてきた日本のあり方は、けっして世界標準ではありません。ハーバード大学などは、学力選考もありますが、高校時代にどのような活動をしていたかも問われますし、エッセイ審査や面接試験もあります。

では、なぜハーバード大学では面接でちゃんと人を見られるのか。一ついえるのは、ハーバード大学は、教授たちの半分が他大学出身なのです。

東大の教授は、九割が東大出身です。陸軍も、昭和の頃になれば、陸軍士官学校はじめ陸軍の教育機関を経ずに陸軍の幹部になった人はほとんどいなかったはずです。

それがハーバードでは、五〇パーセントを超えない。だからいろんな文化が混じりあっている。「ハーバード白熱教室」で有名なサンデル教授にしても、ハーバード出身ではありません。

東大も教授の五〇パーセントをよその大学から採るようにすれば変わると思います。

磯田　さらにハーバード大学は、寄付金を多く出してくれる実業家や有力者の子弟も、積極的に入学させていますね。そういうルートも存在している。もっとも、そのような人は、卒業するのが大変かもしれませんが。

猪瀬　大事なのは、ルートの多様性なのです。お金をたくさん積むのだって、リスクなのですから。それに、有力者の子弟がたくさん入ってくれば、それ以外の学生にとっても人脈的に恵まれることになる。そういう多様なメリットが考えられてのことなのです。それを日本は、とにかく平等主義にしてさえおけば問題が起きないとでも思うのか、何でも均質化しようとする。そんなことをしているから、つまらない人間しか出なくなるのです。

磯田　選ぶ側の大学教授その人が、ペーパーテストや論文だけで進路を切り拓いてきた人だから、結局、縮小再生産を繰り返しているのです。人材を発掘するにあたって、「自分よりいい仕事をする人を連れて来い」という条件だけは強調したほうがいい。大学でも、公募人事であえて間口を狭くして自分の弟子ばかりを入れることもあると嘆く声も聞かれます。

猪瀬　その点、江戸時代や明治初期の日本のほうが、現代の日本よりももっと選択肢があって、自由で、おもしろかったといえるかもしれませんね。逆にいえば、本章で論じてきたように、社会が厳格な形式主義でつくられていたからこそ、意識的にさまざまなルートが設けられていたともいえます。その点、現代の日本では、誰からも文句が来ないように、表面的な平等主義ばかりを重んじるので、実質部分での多様性が失われてしまうのです。

現代の日本人は、江戸の社会の形式主義的な仕事ぶりを大いにバカにするかもしれませんが、じつは「分の思想」を重んじた江戸の社会のほうが、現代の日本よりも結果としての多様性があった可能性がある。これは一見、皮肉なことですが、しかし現代社会は「タテマエ」ばかりと考えれば、むしろそうなってしまうのが当たり前であるとも思えてきます。

江戸の社会は「ホンネ」と「タテマエ」を意図的にうまく使い分けていたからこそ、うまくいっていたのではないか。さらに、江戸のさまざまなネットワークの多様性が、社会のエネルギーをうまく吸い上げる装置になっていたのではないか。「社会をいかに躍動的で活発なものにするか」ということを考えるためにも、江戸の社会のあり方を、先入観でなくファクトをベースにしっかりもう一度見直したほうがいいかもしれません。

第四章

二六〇年の泰平を維持した社会システム

――「転封」や「ジャンケン国家」の智恵

江戸の社会は「ジャンケン国家」

猪瀬　江戸時代になると、名誉の分配の権限が天皇から幕府に移ってしまい、天皇はその部分の収入がなくなってしまったのではないか。

磯田　戦国時代までの中世の天皇は、官位をもらいに来る人がいないと、大金は入ってこないような、不安定さを持っていました。しかし、慶長六年（一六〇一）に徳川家康が一万石を禁裏御料とし、さらに江戸幕府は元和九年（一六二三）と宝永二年（一七〇五）に一万石ずつ所領を献上し、皇室財産つまり禁裏御料は三万石になりました。その後、徐々に増えていって幕末には一〇万石くらいだったといわれます。その他に、京都の土地税（銀地子）なども皇室の収入になっていました。出来高払いから、定額の給与制になったようなものです。

猪瀬　天皇の直轄地である禁裏御料は、どのあたりにあったのか。

磯田　畿内周辺に分布しています。先ほどの数字には公家領が入っていませんから、公家の領地まで合わせると、おそらく一〇万石を超える大名の経済規模でしょう。公家でも最高位の九条家や近衛家あたりになると三〇〇〇石近く持っています。それでも旗本ぐらいで、一般の公家は小さいものです。下級武士みたいな家禄の家がいっぱいあった。戦国期には皇居の築地塀が壊れて、近隣の子供が天皇のいる縁側で遊んでいることがあったなどといわれますが、江戸期にはそのようなことはなくなりました。

社会学では「地位の非一貫性」といいますが、私は江戸時代を「ジャンケン国家」だと思っているのです。「力」「権威」「財力」の三つ全部を持つ者はいない構造です。

武士は武力、つまり力を持っていますが権威は公家より下です。財力もない人が多い。天皇や公家は、権威はとても高いものを持っていますが、金もなければ力もない。豪商は力も権威もありませんが、財力を持っている。農民も、力も権威も低いですが、庄屋ぐらいになればある程度、財力がある人もいますし、村社会での権威はある。

そんなジャンケン国家で、すべてを総取りする人がいないことで安定性を保っているのです。「全部を持たせない」という構図は、戦後の日本の企業にも通じるところがあります。オーナーがいて、雇われ社長がいてといった、所有と権利が分離しているところが多い。大企業の大半はそうです。

猪瀬　日本の企業の場合、社長だって、年収はせいぜい五〇〇〇万円ぐらいですからね。新入社員と社長の給与格差は、欧米、とくにアメリカなどと比べると圧倒的に少ない。もちろん、オーナー系では創業社長が一〇億円もらうような会社もありますが。

磯田　しかもサラリーマン社長は、辞めたらタダの人になってしまいます。

それでいうと秀吉は愚かで、家康は賢かった。秀吉は、家康や毛利輝元といった五人の有力大名、いわゆる五大老に、財力も権力も権威も持たせたわけです。しかし家康の徳川政権は、自分の直参の家来である譜代大名には最高でも井伊家の三五万の禄高しか与えていません。そうしておいて、老中など幕府の重要閣僚は、譜代大名しかなれないことにした。外様大名は幕府の権力に参画することができません。つまり譜代には権力は与えたけれども、財力は与えなかった。外様大名の場合、もともと広大な領地を持っていた大名の財力はある程度は残してあげたが、権力は与えなかった。

しかも、その老中も交代制でやらせる。筆頭老中にしても、譜代の井伊家三五万石の者がなることもあれば、数万石の者がなることもある。これでは反乱の起こしようがない。

軍事力を持たない者が、雇われ番頭のように幕府を仕切ったので、徳川政権は安定していたのです。これは江戸時代の大きな教訓ではないでしょうか。

さらにもう一つ大きいのが、血縁カリスマをつくったことです。家康の息子を祖とする尾張徳川家、紀州徳川家、水戸徳川家を「御三家」として別格扱いした。彼らが政治をやるようになれば、トップとしての徳川本家が揺るぎかねない。そこで彼らを政治の場から遠ざけ、ただ権威として祭り上げたのです。

こうして誰かが全部を総取りできないシステムを考えつき、社会のなかに根づかせた家康の智恵はすごいものだったと思います。

猪瀬　御三家をつくったのは、家康の血筋を残すためですね。いわば皇族のような藩屏という位置づけです。子宝に恵まれなかった秀吉は、甥の秀次を後継の関白にするわけですが、淀君が跡継ぎの秀頼を産むと、秀次が疎ましくなり、ついには秀次の一族郎党を死に追いやってしまう。それでいて、跡継ぎが秀頼一人ですから、秀頼が死んだら途絶えてしまう。

家康が徳川家の「御三家」をつくったのは、やはり秀吉から得た教訓なのでしょう。逆に秀吉を見ていなければ、こういう制度はできなかったかもしれませんね。

もう一つのご指摘もそのとおりで、家康の経験知として、五大老を置けば失敗することもわかっていたでしょう。なにしろ五大老だった自分が秀吉の遺訓を裏切っているのですから。

磯田　もし家康が、禄高順位一位の前田家や二位の島津家を老中や大老にしたら、江戸幕府はすぐ潰れていたでしょう。それをしなかったということです。家康のつくった制度は、現代人にも強い影響を与えています。それが戦後、雇われ社長が多くなった理由とまではいえませんが。

ただ、日本的組織の伝統として考えたとき、何らかの関係はあるかもしれません。戦国期は、それこそ実力主義でしたからね。織田信長にしても、ちょっとダメだとすぐに家来をクビにしていました。そのあり方は、日本の官僚システムの人事制度や、いわゆる戦後的な日本的経営とはずいぶん違うものだったと思います。では、官僚の人事制度や、戦後的な日本的経営の組織観がどこからきているかといえば、やはり江戸でしょう。

「転封」は二〇年から三〇年に一度の転勤

猪瀬　第三章の冒頭でもお話ししましたが、徳川幕府は有力な旗本に知行を与えるときも、一カ所に広い土地を渡すのではなく、あちこちに分散させて与えていました。五〇〇〇石の禄高であっても、一カ所で丸々五〇〇〇石分の領地があるわけではない。ここに三〇〇石、あっちには一〇〇石などと領地があちこちに分散していて、合計すると五〇〇〇石ということになるのです。あの方法も、やはり徳川家に対する反乱が起きないようにするためなのでしょう。じつに用心深い。

磯田　そうです。しかも、それは徳川家直属の旗本だけではありません。関東地方と岐阜から中部にかけての地域は大名の領地も細かく分割して、小大名をたくさんつくりました。京都周辺も膳所《ぜぜ》藩（滋賀県大津市）や淀藩など、数万石の藩しか置きませんでした。重要な地域には、いわゆる大藩は置かないのです。この地域は、一円誰かの領国ではないという意味で学術的には「非領国地域」と呼んでいます。

猪瀬　江戸時代の大名はしょっちゅう「転封」、つまり転勤させていますね。あれはなぜなのですか。また、転封するのは三万石や五万石といった小さい大名だけだったのか。

磯田　長く留まっていると自分の領地のようになりますから、根がつかないようにしたのです。また、石高でいうと一〇万石ぐらいでも転封されることがありました。

藩は二七〇ぐらいありましたが、なかでもしょっちゅう転封されているのは譜代大名の藩です。譜代大名は「鉢植え大名」といわれるほど、あっちこっちと移っています。

猪瀬　岡山藩や薩摩藩、長州藩などは全然移動しないですね。あそこは外様大名だからですね。

磯田　はい。ただ岡山藩の場合、江戸時代の初期に小早川家から池田家に一度変わっています。小早川家が改易（取り潰し）になったからですが、そういう場合は、外様でも玉突き的に転封ということはありました。いっぽう薩摩藩の島津家は一度も変わっていませんね。外様大名を動かすのは、そう簡単にできるものではありません。戦争も覚悟しなければなりませんから。

猪瀬　その点、譜代大名は徳川の家来ですから、命令すればいい。

磯田　ええ。譜代大名の藩は一三〇ぐらいありますが、この藩がどんどん動いています。たしか、譜代藩は二五〇回ぐらい。外様藩は六〇回ぐらい転封されたとの研究があります。多い所はだいたい二〇～三〇年に一回の転封です。江戸後期になると負担が大きいので減りますが、初期の頃はバンバン動いています。一年に何藩も動いたりすることもありました。

猪瀬　たしかに引っ越し費用はそうとうに大変だったでしょうね。

磯田　もちろん、大名側の負担です。

メンツは立てるが収入は減らす——賞罰としての「転封」

磯田　転封にはもう一つ、賞罰の意味合いもありました。忠勤を尽くしてよく働いても、日本列島は加増する土地が限られているから、移すことで実質、賞罰にするのです。たとえば播磨の姫路藩と越後の高田藩は、石高はほとんど変わらないのですが、姫路藩のほうが温暖な気候で二毛作ができるので、実際の収入はかなり多い。そこで老中を務めて功績があったら、高田藩から姫路藩に移すといった具合です。

悪いことをした人は、寒くて農業に不利な土地に転封になる。そういう場所に転封になってしまった藩は、「早く誰か悪いことしてくれないかなあ」と待っているのです。

猪瀬　どんな判断基準で転封するのか。

磯田　たとえば幕府の老中・大老格を務めていい仕事をしたら、柳沢吉保《よしやす》の家（子の吉里）のように甲府から大和郡山に移ったりするのです。いっぽう吉宗の倹約令に反して、身請けした遊女と有馬温泉で混浴したり、彼女にスケスケの服を着させて、大勢を家に集めてヌードショーのようなものをやったりした榊原政岑《さかきばらまさみね》は、姫路から越後高田に移され、さらに隠居を命じられた。これは明らかに罰です。

猪瀬　ある意味で権力の見せつけですね。それを決めるのは幕閣、つまり老中などの執行部の面々ですから。

磯田　あと幼少の藩主になった場合、しばらくは働けないから移動させるということもありました。また、幕閣内部で派閥闘争に負けたから、といったケースもあります。政争に敗れたとか、宮廷政治で負けたとかいう理由ですね。

おもしろいのは、それでも石高は下げないのです。格式だけは守らせる。たとえば榊原家の場合、家康の時代に「一五万石」と決めたわけです。それを下げるとなると、「家康公が認めた勲功を子孫が否定するのか」という話になる。そこで一五万石は動かさず、額面一五万石でも実収の低い土地に移すことで実質を変える。

猪瀬　吉良上野介が本所に移転させられたときも、石高は減らされていませんね。

磯田　石高を減らすということでは、ときどき「減封」という処分がありますが、よほど悪いことをしないかぎり減らされません。

猪瀬　メンツは立てるわけですね。なるほど、実力主義などといって、平気でどんどん役職を降格する企業もあるようですが、それは江戸の組織の智恵に反しているということになる。江戸時代的な考え方でいけば、役職はそのままにして、給与だけ下げる。たしかに日本の組織の場合、そのほうがまるく収まりやすい。

新潟市と浜松市の職員を全員交換してみたら

猪瀬　ところで、一五万石とか五万石という石高の数字は、江戸幕府の初期に決めた数字ですね。すると後の新田開発によって増えている場合もある。江戸時代の初期から一〇〇年も二〇〇年も経てば、数字は当然変わるはずです。そうした実情をどれくらい幕府は把握していたのだろう。

磯田　印象よりも幕府は把握しています。新田開発を熱心にやっていた藩などは、実質的な石高が二倍になったりしている。いっぽう、はじめから無理して打ち出した石高で、開発しても高が伸びなかった水戸藩あたりだと、そう変わりません。ただし、新田開発については幕府にいちおう届け出てはいますが、本当にどれぐらい年貢を取っているかについては報告義務がありません。

猪瀬　たしかに、各藩は役を課されることはあっても、長州や薩摩など、転封されそうもない藩は、開発すればするだけ収入が未来にわたって増えるわけですから、やる気も出るはずですが、転封されるのがわかっている譜代藩などは、開発のモチベーションをどこに置くか、なかなか難しいところですね。

ちなみに、転封ということになった場合、家臣は全部連れて行くわけですよね。たとえ、転封先がそれまでより痩せた土地であっても。

磯田　世襲の武士は原則全員ついて行きます。磐城平七万石から日向延岡へ行った内藤家の場合、女だけで一〇〇〇人ぐらい移動させています。藩士だけで三五〇人ぐらい。これに家族まで含めると、全部で二〇〇〇人は移動したという研究（日比佳代子、二〇一一年）があります。

猪瀬　彼ら全員に屋敷をあてがう必要があるわけですよね。それも移動する双方に必要。そのための打ち合わせは、誰がどうやってやるのか。

磯田　大名同士で事前交渉をやるのですが、あっという間に終わります。これがまた、うまいんです。転封と決まってから引っ越しまでの期間も、現在のサラリーマンの転勤のように本当に早いです。長くても二、三カ月でやってしまいます。

猪瀬　もちろん家臣の移動だけでなく、家族も移動するし、荷物も膨大だったことでしょう。一藩丸ごと移動させるとなったら、物流的にも大変なものだったはずです。宿場町も運輸業者も、さぞかし儲かったことでしょうね。いまどきの話で比較したら、すごいことになりそうですね。

磯田　なかなかそんな話はないですよね。たとえばトヨタの工場と日産の工場を、何十年にいっぺん取り替えて、社員全員が移動する。あるいは市の人口規模が同じような新潟市と浜松市の職員を全員交換する。浜松市も新潟市も職員数は五〇〇〇人規模であるようですが、もし本当にそんなことがあったら、大変でしょうね。江戸時代はそれが当たり前のことでしたから、みんなやれていたのでしょうが、現代に置き換えてみると、考えただけで大騒動になりそうです。

参勤交代と「家康の誤算」

猪瀬　藩士が移動するといえば、参勤交代も同じですね。参勤交代は、ふつうの藩は一年おきですね。遠方の藩や拠点警護の必要がある藩には特例があって、たとえば対馬《つしま》藩は三年に一回でよかったようですが、しかし、それにしても一年おき、数年に一度というのは、膨大な費用です。加賀藩などは四〇〇〇人が移動したようですね。その分、各藩は出費を強いられたということですが、街道筋の宿場町や荷物運搬業者は大いに儲けたことでしょう。ここまで大がかりな定例行事ですと、一種の公共事業みたいなものですね。

一年ごとに参勤交代といっても、大名がみんな同時に江戸に行ったり、国元に帰ったりするわけではない。

磯田　三月末から四月に江戸へ移動する西国大名、同時期に国元に帰る東国大名などと決まっています。ただ正月には初登城といって、江戸にいる大名は全員登城します。

幕府にとって参勤交代のメリットの一つは、半分の大名が江戸にいるので、反乱を起こせないことです。反乱計画を練って実行するためには、やはり大名が国元にいないといけませんから。半分の大名が交代するというのは、見事な算術に基づいた数字です。

全国で二七〇諸侯いますが、ほぼ半分は参勤交代で江戸にいますから、国元に藩主がいるのは一三〇藩ぐらいです。

ちなみに、江戸幕府の石高は、江戸が四〇〇万石で、これに旗本領三〇〇万石や寺社領などを加えると約八〇〇万石。さらに一門の大名や譜代大名を入れると、およそ一二〇〇万石を江戸幕府は持っていたことになります。

日本全体で三〇〇〇万石ですから、その他の大名の石高合計は約一八〇〇万石です。このうち、藩主が国元にいるのが半分で、約九〇〇万石。彼らが全員裏切ったとしても、江戸幕府は江戸近郊だけで八〇〇万石持っていますから充分対抗できる。裏切るのが一藩だけなら、いちばん大きい加賀前田家でも一〇〇万石ですから、一〇〇万石対八〇〇万石なら圧勝です。江戸幕府が長らく潰れなかった、〝家康算術〟の素晴らしさです。

猪瀬　計算されつくしていた。

磯田　ただし三つほど誤算があって、この計算は「石高＝兵士の数＝戦力」という三面等価が成り立つのが前提です。だから八〇〇万石の徳川家に七七万石の島津家は絶対勝てないという話になりますが、兵器の質が上がったり海軍が登場したりすると、必ずしもこの等式は成り立たない。また、「米の石高＝連れて来られる軍勢」にもならない。密貿易をやったり米以外の産業を興したりすれば、実収入と石高が一致しなくなりますから。

猪瀬　薩摩や長州は貿易ができるから、財力を豊かにできるし、新しい武器もどんどん買える。しかも、幕末に蒸気船が入ってきて海軍というものが一新されたことは大きい。

磯田　これを「家康の誤算」と私は呼んでいます。家康は江戸城まで、東海道や山陰道を一つずつ城を落としながら敵が攻めてくると考えていました。そこで江戸から遠い、西のほうに強い大名を配置すれば安心だと思ったのです。ところが現実には、西の大名はヨーロッパとつながり、ヨーロッパの文物や知識を仕入れ、兵器まで手に入れるようになった。しかも東海道にいくら譜代大名を配置したところで、軍艦があれば一気に江戸湾に入ってこられる。ペリー来航で、軍事常識がまったく変わってしまった。

徳川幕府が初期に出した大船建造の禁は、国内では非常に有効でした。そんな家康でも、やはり技術の変化や進化により、どのような社会変化が起こるかまでは読めなかった。

猪瀬　さすがの家康も、一〇〇年後、二〇〇年後の技術革新や社会変化まではわからなかった。それは当然だと思いますが、逆に、もしペリーが来なかったら、参勤交代など江戸幕府の仕組みはいつまで続いたか……。そう考えると、家康はじめ徳川幕府の社会設計・組織設計は、あくまでもガラパゴスが前提でした。

武士たちは何が楽しかったのか

猪瀬　ところで、そのような組織社会を生きていた江戸期の武士のモチベーションは何だったのだろうか。

たとえば佐賀藩の山本常朝《つねとも》は『葉隠』で、有名な「武士道と云ふは死ぬ事と見付けたり」という言葉を残していますが、これは武士としての存在理由を考えに考えて編み出された言葉でしょう。なにしろ武士は、刀を二本差して道を歩くことからして、武士であることを意識せざるをえません。「何のために、こんなことをしているのか」「自分たちの存在理由は何なんだろう」というアイデンティティ・クライシスになっても不思議ではない。『葉隠』が書かれたのは、一七一六年頃で、江戸時代以前の最後の大規模な戦いだった大坂夏の陣が終わってから、一〇〇年ぐらい経っています。

磯田　「武士たちは、何が楽しかったのか」という問題を考えたとき、やはり「他の人間とは違う」「自分たちは高等な任を果たしている」という気持ちがあったのではないでしょうか。そこが武士の最後の拠り所だと思うのです。経済的には貧乏ですし。

猪瀬　哲学的にならざるをえないということだろうね。

磯田　そんじょそこらの農民や町民とは、自分たちは違うのだ。自分たちのほうが精神的に強いし、道徳的にも正しい——そんな気概でしょう。実際、武士は、江戸の社会でずいぶん尊敬されているのです。

猪瀬　要するにストイシズム（禁欲主義）的な倫理観を持ちあわせていますね。ストイシズムは「欲望を律する」という美学で、動物的な生き方とは対極にあるものですし、高度に哲学的な要素です。

磯田　あと「重きを置かれる」という儀礼的な楽しさもふだんの生活のあちこちにありました。二本差して袴を着けて歩いていれば、どんな豪商でもていねいにお辞儀してくれるのです。土下座まではなかなかしませんが、とにかく「お武家様」ということで、旅籠《はたご》でも同じ部屋に泊まることはありません。必ず床の間のある部屋に通される。

猪瀬　承認欲求ですね。

磯田　そうです。人間は「理解されたい」「承認されたい」という気持ちが非常に強い。

ここを大名や将軍といった権力者たちは、よくわかっていたのかもしれない。経済的な力はないのだけれども。

猪瀬　承認欲求を満たすために、自分はストイックにならざるをえない。

磯田　逆に豪商は承認欲求が満たされないので、かわいそうなんです。どんなにお金を持っていても、やはりバカにされるところがあるから。しかも、やりすぎたら武士にあっという間に潰されてしまう。

猪瀬　しかし、やはり武士の精神構造は、サラリーマンと一緒です。給料がさほど増えるわけでもないのに課長や部長などの地位が欲しい。

磯田　武士の場合、必ず「〇〇様」と呼ばれますし。そして豪商に対しては、「そのほう」と、当然のように呼びすてる。

武士階級の人口比率と構成比率

猪瀬　武士の人口比率は、全人口の一割もいない。

磯田　よく七パーセントといわれますが、袴を穿《は》いて、子供も自動的に武士になれる世襲権を持っている武士は五パーセントぐらい。一割というのは、農民のアルバイトを含めた場合です。

たとえば、「足軽」も武士に数えられますが、世襲権を持っている者はごく少数です。いわば非正規社員的な存在で、町人でもなることができました。「株を買う」といいますが、足軽の家にお金を払って、その家の養子にしてもらったりするのです。

その少し上に位置するのが「徒士《かち》」と呼ばれる人たちで、幕末から明治維新にかけて活躍した下級武士たちは、ほとんどが徒士です。世襲権を持っていますが、ただし馬には乗れないし、知行（主君から給付・安堵された所領）を持ちません。

この人たちが、いちばん能力を問われるのです。「算盤御選《そろばん》」といって、「筆で書いてみろ」とか「算盤をやってみろ」とかいわれて、きちんとできないと、できるようになるまで世襲させてもらえない。いちばん貧しい人たちでもありますが、よく鍛えられています。しかも、家のなかに使用人がほとんどいませんので、身の回りのことから何から何まで、たいがいは自分でやらなくてはなりません。とはいえ武士ですから、いざとなったら切腹もしなくてはならない。つまり、精神的にも肉体的にも鍛えられている人たちです。日露戦争で活躍した乃木希典《のぎまれすけ》や、秋山好古《よしふる》・真之《さねゆき》兄弟も徒士の家です。

猪瀬　山本博文さんの『「忠臣蔵」の決算書』によれば、討ち入り参加者は、家老クラスは一五〇〇石の大石内蔵助のみで、赤穂藩「侍帳」に記載されている一〇〇石、二〇〇石ぐらいの中級武士が二六名、全中級武士の二〇パーセント。「侍帳」にも載らない足軽などの下級武士一七名で、全下級武士の一四パーセントでこれはかなり高い数字です。一〇石、二〇石で報酬が低く貧しくても忠誠心というか戦闘の覚悟が低いわけでない。

一般に一つの大名家の家来のなかで、構成比率はどのようなものだったのか。

磯田　足軽まで含めて三〇〇〇人の藩の場合、足軽が一〇〇〇人から一五〇〇人で、徒士は九〇〇人ぐらい。三割ぐらいが徒士です。ほかに馬に乗れて軍事指揮権を持っている人たちが五パーセント、馬に乗れないけれど知行を持っている人たちが一五パーセントといったところです。足軽を除いた世襲の武士の大半は徒士で、馬に乗れる武士の比率は少ない。彼らが「何々頭《がしら》」と呼ばれ、戦場では変わり兜や甲冑を着て、足軽や徒士たちを指揮する人たちです。そしてふだんから家のなかに少なくとも二人、多ければ何十人の家来を抱えています。ただ江戸時代にあっては、この人たちも形骸化した領主でしかないわけです。

リスペクトの根源にある圧倒的な武威

猪瀬　根本的なことですが、なぜ武士はリスペクトされたのか。非効率なお役所仕事や、天下り、無駄な人件費などは、それこそ現代でも大いに批判の対象になるのですから、江戸時代でも不労所得階級として、世間一般から大いに嫌われても不思議ではないのだが。

磯田　それはやはり戦国時代に源がある気がします。なにしろ戦国時代は、日本人のほとんどが総武士化したような時代でしたから。

日本は、室町期に入ってから、つまり一三三六年頃から一六〇〇年頃までの約三〇〇年間、戦乱の地獄に落ちるわけです。この三〇〇年間でものすごい量の刀剣がつくられ、現在残っているのも、この時代のものが多い。みんな武装して、殺しあった。そこを生き残るなかで、勇敢さや武士らしさといったものが価値の中心に置かれるようになっていった。

猪瀬　つまり力による領地の支配ですね。軍事による支配で一定のエリアは平和を保っていられる。戦争中といっても、しょっちゅう戦っているわけではない。武力の均衡であって、冷戦と似ているところもあります。

磯田　そして「昔、ここに小城を築いた」といった伝承を持つ一族がいて、かつては武士だったけれど、いまは帰農して暮らしたりしているわけです。

猪瀬　しかし江戸時代になってしばらくすると戦争はなくなるのに、よくも二〇〇年以上、「武」による権威が続いたものです。日本では天皇でも武士でも、権威が長く続きます。

たとえば木地師（木材をくり抜いて日用品等をつくる職人）が天皇の御璽を押した紙（「朱雀《すざく》天皇の綸旨」）を持って山中を移動し、「七合目から上は、われわれが木を伐っていいと、天皇の許可を得ている」と主張して生産活動を続けた。もっともらしい証文があれば何となく通用した。水戸黄門の印籠じゃないけど、天皇の御璽が押してあれば権威になる。それが戦乱の世でも、まかり通っていた。

磯田　逆にいうなら、江戸時代において「武の権威」が残ったのは、戦争がなかったからこそだったような気もします。「御武威」という言葉があって、武力や武家の威光を指したものですが、結局、百姓がいくら一揆を起こしたところで、大名や将軍が持っている鉄砲の数のほうが圧倒的で、絶対に敵わないのです。

猪瀬　やはり圧倒的な軍事力ですね。しかも、それは使えない軍事力ではなく、いつでも発動できる。そもそも武士は、文字通り「武」を仕事とする人びとの集団です。ふだんから刀を振り回して鍛錬しているし、実弾射撃練習もしている。

磯田　もっともペリー来航後、英仏蘭米の四国連合艦隊と長州藩が戦った下関戦争や、イギリス軍艦と薩摩が戦った薩英戦争などで、武士の武力が役立たないことがわかり、武士の権威は地に落ちてしまった。そこで武士は捨てられてしまうのです。

それまでは、島国だったこともあって、百姓に対してはものすごく集中された暴力を発揮でき、それが権威を生み、尊厳の源泉になっていた。

猪瀬　武士の本分ですね。しかし、暴力を発揮できるというのは国内の治安であって、異民族に対する国防軍ではない。幕末の黒船で、武威は喪失ですね。

生活レベルを見ると、大名よりはるかにいい生活をしている豪商は多いのです。山形県の酒田の豪商・本間家などは「本間様には及びもないが、せめてなりたや殿様に」と唄われたほどです。それでも武士が偉いと思われていたのは、泰平の世にもやはり暴力の集中があったから。

磯田　江戸時代の初め頃には、実際に処刑される人もたくさんいました。武士たちが発揮する果断な「お仕置きをする力」というものが恐れられたのです。

農民も、全部が刀や鉄砲を持っていなかったわけではない。ただし、鉄砲の場合は、人に向けて撃たないよう管理されている。百姓も一揆で鉄砲を使わない。武士も一揆鎮圧では原則発砲しないのです。藩が一揆に発砲したら転封などのお咎《とが》めがあるんです。脇差や刀も所持していいけれど、道中で差すなど身分表象として使用することが許されないのです。武士だけが所有を許可されたうえ、人を殺すなど武器の行使権を持っていた。ここが大きな違いです。

私の家で武威が完全に壊れたのは、昭和十二年（一九三七）の日華事変で祖父が徴兵されたときです。二等兵で、輜重《しちょう》兵として徴兵されたのですが、このとき私のひいおじいさんが「軍刀として持っていけ」と、奥から刀を持ち出した。それは鳥羽伏見の戦いの後、戊辰《ぼしん》戦争で有栖川《ありすがわ》宮を警護して、江戸まで攻め上ったときの刀なのです。しかもそれは先代が、明治天皇の外祖父の中山忠能《ただやす》の警護隊を率いていた折のものでもある。

そんな刀を渡された祖父は、「すみません、お父様」と謝った。祖父は婿養子だったのですが、「もう、そんな時代じゃありません。将校しか軍刀は持ってはいけないんです。私は二等兵として召集されたので持ってはいけません」と。ひいおじいさんは、すごく傷ついた様子で、すごすごと刀を元に戻した。武威が完全に壊れた瞬間です。

語り継がれる「共通の物語」の重要性

磯田　話を「武士の権威」に戻すと、当時、武士の世界では、氏素性をとても重視する風潮もありました。武士が尊敬される理由は、一つは強いこと、もう一つは氏素性を持っていること。ただし、その氏素性は嘘である場合もありましたけれども。

猪瀬　少なくとも、「守《かみ》」を名乗ったり、「自分は源氏の末裔《まつえい》だ」などと述べることは、天皇につながる正統性を主張していることを意味しますね。

磯田　だからこそ高率の年貢を取ることもできた。しっかりした氏素性があり、武士らしい格好をして、武士としての儀式も行なっている。武士的な倫理や道徳を持っている。百姓は、そういう人のところへ、いわば「みかじめ料」の年貢米を持っていき、保護下に入ることで、武士の支配ができていた。

猪瀬　第一章で、天皇は武力を持たないのに権威を持てた理由として、当初は圧倒的な武の力と海兵隊のような兵力を持っていたからという話でした。それは古墳時代の話で、西暦四五〇年ぐらいに仁徳天皇の陵墓が造られた。

磯田　その時代から戦国時代までですと、一〇〇〇年以上経っていますから、こうなると「長く続いていること」そのものが権威になるのです。

猪瀬　かつて、皇室は強大な武力を伴う存在であったけれども、時間の流れとともに、武力を伴わない「権威」へと昇華していく。

磯田　文字で書かれた、はっきりした宗教が日本には生まれずに、ずっと皇室と共にある「神道」が日本の宗教の根幹にありました。そのこともあって、「血脈が長く続いている」といった、わかりやすい事柄が価値の中心に据えられたのだと思います。

猪瀬　平城京や平安京の貴族たちは、『日本書紀』に書かれた神話や系図に基づいて権威になっていきます。その流れで行くと、江戸時代の武士は戦国期に強かった伝統が権威化したものといえる。各家では、江戸時代を通じて、かつて先祖が合戦でどのような活躍をしたかを、大切なファミリーヒストリーとして語り継いでいったし、社会もそれをしっかりと認知していたわけです。

磯田　「うちの殿様は、あの合戦で一番槍をつけた」とか、それぞれの地域ごとの伝説も残っています。

猪瀬　物語として信長や秀吉の話を聞いているから、江戸時代の人たちにとっても、戦国時代は「つい、この間」という感覚だったでしょう。これだけ情報量が多い時代を生きている現代人でさえ、戦後七〇年経っても、この第二次大戦を、ついこの間のように思うのですから。

磯田　現代社会のようにテレビや新聞、ラジオがあるわけでもありませんし、家のなかで情報が再生産されていくのです。先祖がしていた話を自分たちも話しながら暮らす。すると先祖がしていた話のリプリント（複写）が、三〇〇年ぐらい残るといった部分があるのではないでしょうか。

猪瀬　だから三〇〇〇年前といっても、意外に近い。一〇〇〇年以上も前のスサノオノミコトや因幡の白兎といった神話も、繰り返し話されるなかで残っていったのでしょう。

磯田　通婚圏も狭いですしね。いとこ婚が二割近いかもしれません。そして村内婚が三割。藩内婚となると、九〇パーセント以上。その結婚も、だいたい禄高差が二倍以内で収まっているケースが七、八割です。同じようなメンバーでの婚姻を繰り返すのです。日本は同質集団で結婚する内婚制を採っているので。

猪瀬　家のなかで繰り返し語られる物語もあったり、それぞれの土地でやる「地歌舞伎」のようなものがあったり、神社でも能や狂言をやっていたりした。これらを繰り返し見ることで、「ついこの間まで戦争をやっていた」ということを意識できる。とくに日本は、海に囲まれた世界ですから、閉ざされたなかで繰り返し同じ物語が語られやすい。異民族が来て、全部が更地にされてしまえば、そういう物語は消えてしまいますが。

磯田　そう、共通の物語を持っているのです。そこに日本列島の均質性と多様性の問題がありあます。武威にしても、強い者がいて、「強い者の武威のもと、みんなが武士に従う」という価値観が共有されていました。

日本全体の一体性を培う社会ネットワークのすごさ

磯田　文字の世界も均質性が非常に高く、筆をこのように崩すという書体が流行ったら、それが青森から九州まで同じように流行る。だから古文書を見ると、書き方でそれが江戸時代の半ばか終わりかわかります。

猪瀬　お手本みたいなものがあって、それが全国に広がっていく。

磯田　謡本《うたいぼん》が普及したことも大きいといわれています。たとえば「阿波十郎兵衛」を謡うなら、日本中の誰もが同じ謡本を見て謡う。伊勢音頭のような伊勢の村祭りで歌われていたものが、もっと広い地域で歌われたりもする。そのいっぽうでその土地だけに伝わる歌もある。

猪瀬　それはやはり街道が安全で、人びとの交流が盛んだったからですね。松尾芭蕉が「おくの細道」の旅で宿場町に着くと、庄屋が芭蕉を自宅に招き、床の間の掛け軸を見せて自慢する。このとき芭蕉が俳句を一句つくったら、お礼に御馳走を食べたり、逗留させてもらえたりする。次の宿場町でも同じように庄屋が待っていて、自宅に呼んで、といったことが行なわれている。土地土地を訪れるたびに、庄屋が出迎えて厚遇した。当時の豪商や庄屋はみんな文化人で、そういうところに逗留しながら旅をした。武士よりもよほど豪農や豪商のほうが、金銭的にも精神的にも豊かだったのです。

加えてこれは「芭蕉という優れた俳人がいる」という認識が共有されていて、「もうすぐここへやって来る」という情報が入ってくるからできたことでもあります。時代ごとに流行があって全国に広がっていたという話も、そうしたものに通じる部分があると思います。

磯田　共通の物語という点では、頼山陽《らいさんよう》の『日本外史』あたりの書物は、庄屋クラスの家なら日本中の誰もが持っているのです。さらに手紙による文人たちの交流は、日本の津々浦々まで通信ネットワークが張られているからできた。だから蘭学者たちは、お互いものすごく離れた土地に住んでいても、知り合いということが珍しくなかった。松尾芭蕉は手紙を各地の弟子にたくさん送っていますが、こうして文人網をつくっていたから、あちこちを旅することもできたのです。

猪瀬　葛飾北斎は八十七歳のときに信州（長野県）の小布施に行き、天井画を描いています。高井鴻山《こうざん》という豪農商がいたからです。大きな屋敷のなかに北斎のアトリエをつくって好きに描かせた。八十七歳で江戸から長野まで歩いて行って帰ってくるんだから、たいしたものです。小布施を流れる千曲川は、長野の川中島あたりは上杉謙信と武田信玄の戦いでも知られるように浅いので歩いて渡ることもできたが、下流の小布施になると急に深くなるのです。新潟の信濃川の河口から小布施まで水上交通を利用した交易が盛んで、北斎が滞在した豪農商の家も、この交易で儲けていた。そんな河川交通が盛んな場所でした。

磯田　流通のすごさというのは、たとえば千葉沖で捕れるイワシの干鰯《ほしか》が、畿内の菜種や綿作に欠かせない肥料になったりするのです。そんな広域の交易を前提に、生産活動が行なわれていたのです。

猪瀬　広域の交易、旅ブーム、安全な交通網。それらが日本全体の一体性を培っていた。各藩の藩主や家来たちも、何年かに一回は参勤交代で江戸に出てくる。さらに昌平黌が江戸にあって、各雄藩で優秀な人材はそこに学びにも来ていた。つまり人材の交流も行なわれていた。

ですから、幕末の動乱期には、各藩の外交担当（藩と藩との外交）を昌平黌に留学した経験がある者が務めたりした。旧知の人びとが各藩にいるので、顔が広く、交渉事に便利だったからです。

このあたりの江戸の社会ネットワークと社会システムは、本当にすごいものだと思います。

第五章

江戸に花咲いた近代的経済

——進んだ経済政策と百姓たちの企業家精神

農民たちの土地に対する強烈な所有者意識

猪瀬　江戸という社会を見る場合に重要なのは、それがとても高度な市場経済社会だったことですね。産業革命なき市場社会が実現していました。

その市場社会は、武士のサラリーマン化に対して、土地を所有権者として持った百姓が、中小・零細企業の経営者的な存在だったことも大きい。表向きは武士を立ててはいますが、彼らは市場のなかで進化していきます。

『「商い」から見た日本史』（ＰＨＰ研究所）という本で、イトーヨーカドーの伊藤雅俊さんが網野善彦さんと対談されていますが、そのなかで網野さんがおもしろい事例を紹介しています。中世の荘園の代官は正月の二日に清酒や白酒、さらに肴《さかな》も出して大宴会をするというのです。代官は、その必要費用は「経費」として年貢から落とせるそうですが、百姓のほうも「今年の代官はきちんと接待しない」などの理由で訴訟を起こした。いつもは清酒なのに今年は粕汁みたいのを出したと怒り、代官が百姓に糾弾され追い出される例もあるとか。

網野さんは「（百姓たちは）表面はへりくだっていると思いますよ。だけど実際のところ、主導権は自分のほうにある、と考えていたでしょうね」とおっしゃっていますが、その構図が、江戸時代にさらに強いものになった。

磯田　近世のお百姓さんの所有権の強さは、外国人が驚くほどでした。幕府が長崎に病院を建てようとしたときです。長崎はご承知のとおり、耕地になる土地が少ない。公益目的で幕府が病院を建てるといっているのに、地主の百姓が拒否するのです。「俺の山畑だ。絶対に譲らない」と。こんなとき現代では、公益のためということで強制収用をかけます。ところが幕府は、その土地に病院を建てるのを諦めたのです。それを見てヨーロッパ人は、ものすごく驚いたそうです。この国家は、とてつもない土地所有権を民に認めていると。

猪瀬　江戸時代の農民たちを「資本主義的な中小企業者」たちだとすると、彼らの忠誠心はどこにあったのか。

磯田　忠誠心はない。少なくとも、盲目的な忠誠心は。自分の家と祖先への忠孝はある。たとえば中国は、三峡ダムを造るとなれば、周囲の住民を強制移住させます。ところが日本は、成田空港建設のときの三里塚闘争を見てもわかるように、自分の家の土地を奪われそうになると徹底して抵抗します。

猪瀬　その伝統は、むしろ江戸時代に培われている。

磯田　そうなんです。土地に対する、ものすごい所有者意識を持っている。

猪瀬　しかもそれが本来は知行地があったはずの武士ではなく、農民にある。

磯田　京都にしても、道幅を広げることができたのは、奇跡的に行政権が強かった一九四四年と五年です。空襲に備えるということで強制疎開させて、その間に建物を取り壊してしまった。準備が間に合わず、まだ荷物を運び出している家でも、強制的に倒した。これは軍の命令だからと、京都市役所が断行したのです。そうして御池通や五条通ができたのですが、いまだに京都の人たちは恨んでいます。

日本の都市計画が難しいのは、やはり江戸時代に淵源《えんげん》するもので、それは明治維新でもまったく変わらなかった。むしろ権利意識を強めた気がします。

猪瀬　農民は土地の権利が強いことを前提に、造り酒屋を営んだり、機《はた》織りをやったり、油をつくったり、鋳物を製造したりした。土地が奪われない前提があるから、安心してさまざまな事業を行なえます。しかも、それに対する税金は基本的にないんですね。

磯田　そうです。不思議にないのです。ただ、なぜ日本という島国で、こんなに民衆の権利を認めることができたのかは、何となくわかる気がします。豊臣秀吉の時代は、お米のつくり方を大名や領主たちはいろいろ考えたはずです。なにしろ国の経済力が、そのまま軍事力や国力に直結しましたから。

このとき、日本が米作であったことが大きな影響を与えました。日本で発達した米作の場合、無知で農奴のような百姓を使ってお米をつくっても、収量を増やすことはできません。このやり方だと一反、つまり三〇〇坪あたり一石以上は収穫できないのです。

米は不思議な作物で、知的な農民が労働集約的に単位面積あたりの肥料を増やしたり、用水を細かく管理したりすれば、どんどん収穫量が上がります。畿内周辺で起きていた現象ですが、家族経営で親から子へと代々続いている農家が、山から一世帯あたり五トンぐらい草を刈って、それを牛に食べさせ、その牛の糞を肥やしにするといった手をかけた作業をすると、一反あたりの収穫が多いと三石近くまで上がる。農民たちに土地の権利を認め、定額でしか税金を取らない定免法にしたほうが、効率がいいことに気づくのです。

猪瀬　定免法なら、農民からすれば収穫量を上げるほど収入が増えますから、勤労意欲も、いろいろな工夫をしようという動機も高くなるというものです。

磯田　そうです。そして低廉で済む家族労働で、徹底して狭い面積に集中的に労働を投下したほうが効率がいいことがわかる。そんな地域のほうが、むしろ年貢も安定的に入ってくることもわかってくる。

猪瀬　もともと、豊臣政権が行なった太閤検地は、一定の税額を取ることを目的としたものだったはずだが。

磯田　当時の検地は、定額で取ることより、まずは村単位の生産力を確定するためだったと思います。この村はどこまで取れるのか、というラインを定めたかった。定免法で、定額の税収がはっきり固定されたのは、綱吉や吉宗の時代になってからです。

猪瀬　基本的な生産計画の根拠をつくるのが検地ということですね。この村は何万石取れるかと。一つの基準を決めて、後はそれぞれでやってくれ、と。

磯田　おのおのの武士が、おのおのの領地を治めていた時代の農政がうまくいかなかったことは、史料を見ればわかります。税を取りすぎて百姓が逃げてしまったり、飢え死にしてしまったりすることが、まま起こりました。

藩としてまとめて農政を行なう

武士たちの全員が、行政能力が高いわけはない。乱暴者や犯罪者のような者も、たまにいる。たとえば「今年、自分が結婚するから重税を農民に課す」などということもあった。しかも洪水が起こっても用水の手入れをしないし、畦道が壊れても農業投資しない。これでは生産力が上がらないばかりか、減るだけです。

そこで、たとえば岡山藩では、藩主が大広間に藩士たちを集めて、行政権を取り上げ、藩主が派遣する郡奉行に行政を担わせることにするのです。藩主が持っている一〇ほどの郡に郡奉行を移り住ませ、彼らに農村を細かく指導させる。飢えている人がいたらお米を配り、牛が持てない家があれば牛を買うためのお金を貸してやる。用水路工事もやる。堤防工事もやる。「このような行政は、おのおのの小さい規模でやるのは無理だから、藩でまとめてやる」と、藩士を集めて説得したのです。

これは岡山藩にかぎらず、どの藩でも似たような状況でした。なかでも成功したのが岡山藩と金沢藩だったのです。収穫量がぐんと上がり、このほうが武士の生活も安定することがわかった。自分たちで統治するより、郡奉行やほかの誰かに任せたほうがいい。武士は城下町で、ぬくぬく暮らせばいいとなった。これが武士が領主としての権力を失い、力を断たれた最初のきっかけです。

そして、これによって日本は近代へ向かうのです。農民は土地の所有を認められ、武士は乱暴なことをしなくなった。ただの官僚として城下町に集められ、法律に従って生きるようになったのですから。

領民は天からの預かりもの

猪瀬　よく勘違いされていますが、お百姓は自由に移り住むことができた。ロシアの農奴ではないのだから。

磯田　そうです。江戸時代の農民は、移動の自由が認められていました。非常に流動的な日本の姿です。ただ、いつでも耕地を捨てて移動できるというのは、粗放な農業しかできないことでもあります。そんな農業は十七世紀中に、ほとんど終わっていました。単位面積あたりの収量が高い農業をやるには、農民が家意識を持って、同じ場所に定住して緻密な農業を行なう必要があるのです。それが十七世紀中頃から全国化する。

猪瀬　二宮金次郎は、もとは百姓ですが、才覚を買われ、小田原藩に仕えるようになる。藩主の大久保家の分家の知行地が下野《しもつけ》国（栃木県）桜町にあり、そこで農業改革を行なうのです。桜町領という五〇〇〇石ぐらいの土地でしたが、非常に荒廃して草は生え放題だし、農民はみんなやる気を失っている。このとき二宮金次郎は、まず雑草を刈り取るなどして空気を変えた。またわざわざ新潟県から百姓を呼ぶ。桜町領を立て直すためによく働く新潟の百姓を植民させる。

磯田　「入百姓」ですね。

猪瀬　要はスカウトです。彼らは実際、よく働いた。ただ、元からいた百姓ともめて、また去っていってしまったりもするのですが、ともかく、そのような百姓の植民政策が行なわれていました。

磯田　浄土真宗は子供の間引き（堕胎）を禁じているので、人口がどんどん増えるのです。とくに新潟県あたりがそうで、そこで勤勉で信心深い門徒たちを太平洋側や栃木などといった地に移住させるといったことが行なわれた。ほかに有名なところでは、たしか福島第一原子力発電所が建設された土地は、鳥取から来た人たちの集落と報道されていました。

猪瀬　天領から来た人たち？

磯田　天領じゃないところからも募集されます。どこかにいないか探すのです。すると応募する人がやって来る。

猪瀬　結局、百姓は大名に属しているのではないということですね。ヘッドハンティングがあれば動く。

磯田　「領民は誰のものか」という議論は、江戸時代の大名たちが、けっこうしています。大名は、将軍様より百姓をお預かりしている。将軍様は天より百姓を預かっている。この

「天」が具体的な天皇でなく抽象的な概念であるところが重要で、百姓は天のもので、それを現世のトップである将軍が、大名に預けている。将軍が預かっている百姓を大名が変な政治で痛めつけたり、逃がしたり、飢え死にさせたりすると、それは大名の落ち度になる。そんな考え方をしているのです。

だから、水戸黄門の話が成立する。本来、ちゃんと預かるべき百姓をひどい目にあわせている代官や大名がいる。そこへ将軍の親戚である前《さき》の副将軍が来て、悪代官らを懲らしめるというのが、あの物語の構造です。「預かり物観」と呼ばれるもので、人民と領地は自分のものではない、預かり物である。その所有者は最終的には天という、非常に抽象的なものに収斂《しゅうれん》していく。そこがヨーロッパの農奴と大きく違います。民は誰にも所有されない存在なのです。

猪瀬　日本近世史の宮崎克則さんの『逃げる百姓、追う大名』（中公新書）という本があります。この本が描いているのは江戸時代初期のことですが、当時は「走り」といって、領地から逃げ出す百姓が大勢いたのだという。そして、大名たちも自国に百姓が集まるように、一定期間の年貢を免除するなど優遇措置を設けていた。

磯田　江戸時代の初期の頃はまだ中世的な感覚が残っていたのですね。それが一六三〇年から五〇年頃までに定住する農村になっていくのです。

「農間稼ぎ」に税金はかからなかった

猪瀬　網野善彦さんが、「江戸時代は『百姓イコール農民』で、農民ばかりの社会だった」とする見方を批判しています。先に紹介した『「商い」から見た日本史』でも、次のように述べておられます。

〈村の中で商いをしている商人、たとえば百姓の中に酒屋や紺屋はたくさんいるのですよ。しかし、酒屋だけやっていて、田畑をもっていないと、いくら金持ちでも村の中での発言力は低いわけです。そういう風潮が社会の中に出てくると、やはり田畑は持っていたほうがいいという気風が生れるのでしょうね〉

〈壬申《じんしん》戸籍という明治五年（一八七二）に作られた戸籍がありますが、この戸籍の職業区分は、農、工、商しかないのです。あとは、士族とか学者や医者しかありません。（中略）この戸籍ではたしかに全国の人口の中で「農」が七八パーセントになっています。「工」が四パーセント、「商」が七パーセントです。（中略）

しかし、明治初期に商工業を併せて一一パーセントなんてまったくウソですよ。多分、両方を合わせたら四〇パーセント近くいっていると思います。この統計の商・工は城下町の町人だけを指していて、百姓とされていた港町や流通都市の商工業者は入っていないのです〉

つまり百姓とされる者の多くは、農業ばかりでなく、商工業や海運業や漁業、狩猟的なものなど、いろいろな仕事をしていたのです。網野さんが指摘しているように、ほとんど本業は酒造業だったりするのだけれども、村のなかでの立場を考えて田畑をやっている百姓もいたことでしょう。

当時の農民は造り酒屋や油屋や機織り屋や鋳掛け屋など、いろんな職業をやっていました。いわば農村は米以外に、いろいろなモノをつくる町工場が密集するエリアだった。いわば東京都大田区の町工場のようなものなのです。米づくりより、むしろそちらがメインとなっている地も多かった。

磯田　人口ではないですが、日本で唯一、GDP調査をやったのが長州藩です。『防長風土注進案』という報告書を天保期、一八三〇年代につくったのです。これによると全生産額のうち、農業生産の割合はやはり四割ぐらいでした。非農業生産が六割以上で、半分を超えています。これが幕末に到達した経済段階なのです。

猪瀬　自営業としての農業が多角化して、産業が高度に分業化したのは、生産者でありながら消費者としての生活水準が上がったせいでもある。

磯田　日本が家族経営で高度な農業をやろうとすると、多角化せざるをえないのです。家族経営というのは、必ず多角化する。彼らは農業をやっているように見えて、じつは「稼ぎ」という概念で動いている。農業の合間に、いろんなモノをつくって売っている。収入のポケットをいっぱい持っているところが、日本の農民の特徴なのです。

だから史料を見ると、「農業の間に稼ぐ」と書いて「農間稼《のうま》ぎ」といったり、「農間渡世《のうかん》」といった言葉が出てきます。農間稼ぎがあるので、零細の農家でも生存が可能なのです。

猪瀬　「農間稼ぎ」には税金がかからないことが、江戸時代の社会の大きな特徴です。

磯田　そうです。米をつくった場合は、表向き四割の税がかかるのに、農間稼ぎにはほとんどかからない。いま表向きといったのは、収量が上がったり、新田開発を行なったりすることによって、税率が実質的に低下することが、ままあったからなのですが、しかし、農間稼ぎについては一貫して税がかかっていません。つまり徳川幕府は三〇〇年近く非農業生産、すなわち商業や工業を優遇する税制を続けていたことになります。

この税慣習が、いまもわれわれのなかに残っていて、税の公平性、不平等性というものに、ほとんど反応しない。当時も、農業からこんなに高く税金を取っておいて、商業や工業からはほとんど取らないことを「不公平だ」という農民は、あまり出てこない。考えてみれば、農民たち自身も商業や工業を手掛けていたりするのですから、当然といえば当然なのです。そんな伝統が、現在まで続いている気がします。

江戸の「外形標準課税」こそ日本経済再生のカギ

猪瀬　京都や宿場町などでは、間口の広さに対して税金をかけますね。だから京都や宿場町の家の間口は狭く奥行きが深いのですが、あれは何税になるのか。

磯田　「地子税」です。「地子」つまり、その土地にいるための税金です。営業で得た金額に関係なく、定額で取るのです。

ただ、本当に間口だけで決まったかというと、私はちょっと違う気がしています。実際は土地面積も加味されていたように思います。もちろん間口が狭ければ、面積も狭くなりやすいわけですが。

猪瀬　私はひょっとすると日本経済再生のカギは外形標準課税じゃないかと思っているのです。

外形標準課税というのは、企業の事業規模に応じて課税するあり方です。企業の事業規模の指標としては、資本金、売上高、事業所の床面積、従業員数などといったものが用いられます。税金を所得（利益）に対してかけると、わざと赤字計上にするなどの税金逃れの手法で、税金を払わないでも済ませることができる。実際問題、よく「日本の企業の七割が赤字だ」などといわれますが、それは所得に対して課税していることが大きい。ところが、外形標準課税にすると、そのような税金逃れが難しくなります。

磯田　おっしゃるとおりで、江戸時代の税制は、まさに外形標準課税だったといえます。たとえば、間口が三間《げん》の店が二軒あったとします。一方は年間に三〇〇〇両とか、現在の感覚では億単位の収益を上げている。もう一方は、しがないたばこ屋さんで、年間に五、六両しか収益がない。それでも江戸時代ならば、税金は同じなのです。これだと収益の低い店は撤退するしかない。そして高い収益を上げられる店が入ってくる。都市のなかで、経済的強者、儲ける力が強い者が生き残る仕組みで、それが近世の都市でもあったと思うのです。

ところが現在の日本が採っている税制は、儲けに対して課すというもので、外形課税を強くやらない。これだと非効率な企業でも、残りやすくなります。これに対し江戸時代は、店の利益をいちいち調べて課税するといった、ていねいな徴税は無理ですから、もちろん所得税は存在しません。

猪瀬　築地市場は一コマいくらで、仲卸業者へ貸しているのです。一コマが一・八メートル四方で、小さな業者だと一〇コマとか二〇コマ借りている。大きな業者だと一コマか二コマ、大きな業者だと一〇コマとか二〇コマ借りている。借りるには相撲の親方株のように営業権が必要で、この権利料がバブルの頃は一コマ一億円ぐらいだった。それがバブル崩壊によって、一コマが五〇〇〇万円とか七〇〇〇万円ぐらいに暴落したのです。

バブルの頃、この権利料を担保に借金していた業者がけっこういて、彼らのなかには権利料の暴落で債務超過に陥り、倒産しそうなところも少なくない。そういうなかで出てきたのが豊洲移転問題でした。このままジリ貧になるよりは、ある程度の規模の拡大が不可欠なはずですが、実際問題、移転への反対意見の背景には、権利料の暴落で豊洲への移転費用を賄えないなどといった要素もありました。いわゆるゴネ得のような側面があったことも事実で、最終的に、豊洲の一コマの賃貸料が月額一万五〇〇〇円で済むようになりました。

話を戻すと、京都でも宿場でも、一間あたりいくら払うと決まっていた。

磯田　ただし、ものすごく儲けた場合には、「御用金」として取り上げるシステムも持っていました。ここが江戸幕府や大名の恐ろしいところで、目立って儲けているところには「御用金を寄越せ」と迫るのです。「御用金を払うと名字帯刀が許される」といった名誉的なものを与えられますが、払うほうはありがたくない。現代的な感覚でいえば、いきなり何千万円も何億円も支払えといわれるのですから。

だから商人たちも、あえてお金が儲かっているように目立つことはしませんでしたし、社会に貢献していることを示すためもあって、積極的に公益事業や福祉的な事業を行なったりもしています。

例外は醸造業で、酒や醤油などは、醸造量あたりで税金を取るのです。醸造業は管理可能ですから、「運上金」という名目でかなり税金を取っていました。

猪瀬　どのぐらい造るかを決める権利は、藩にあるのか。

磯田　各藩が総量を決めていました。酒はお米から造るので、飢饉のときにたくさんお酒を造られると餓死者が増えてしまう。だから酒に関しては総量規制をかける。醸造業界に対して指揮監督する権限は、天保頃からものすごく強くなりました。この部分については、民間がやる経済活動に対し、武家が規制したりコントロールしたりしたのです。

豪農の息子が一万石の大名よりも強い経済力を持っていた

猪瀬　江戸の中期頃、会津藩や米沢藩が藩政改革を行ない、酒の醸造を産業として根づかせるために酒造りで有名な地から杜氏《とうじ》を招聘したり、漆器づくりなどの優秀な職人を呼び寄せたり、自国の百姓たちに紅花や漆の生産を奨励したりしました。藩としては、できた作物に税をかける場合もあれば、専売で買い上げて自ら売る場合もありました。「産物回し」というもので、いわば藩自体が商社のような活動をした。

磯田　江戸時代は、米を税とすることがベースとなる社会でしたが、そのやり方では、限界があるのです。日本の耕地開発は一七〇〇年頃に西日本ではピークを迎え、一八〇〇年までに東日本でも水田の面積は増えなくなります。そうなれば、米作の技術向上による作付面積あたりの収量逓増はあったとしても、大幅な経済成長は期待できなくなります。

しかも米への税は、年に一回しか徴収できません。石高の三五パーセントぐらいしか取れないから、一万石の大名は三五〇〇両しか年収がないわけです。

猪瀬　その場合、江戸時代では、一石はだいたい一両と考えればいいですね。日本銀行の貨幣博物館のホームページには、一両を現在の価値に換算するといくらになるかということについて、「米価から計算した金一両の価値は、江戸初期で約一〇万円前後、中～後期で四～六万円、幕末で約四千円～一万円ほどになります」とあります。

正確な換算は暮らしの仕組みが違うので難しいが、賃金水準で見ると一両は三〇万円から四〇万円とも考えられます。

磯田　はい。貨幣価値の換算は、何を基準にして考えるかでまったく違ってきますので、けっこう難しいのですが、貨幣博物館のものは「米価基準」で計算したということですね。もちろん、一つの目安になる金額です。

さて、一万石の大名の場合、年収が三五〇〇両といいましたが、そこから家臣に給料も払わなければならないわけです。人件費はいまと同じで、六、七割以上を家来たちに分け与えるので、これに二五〇〇両ぐらいかかる。だから一万石の大名でも、自分で使えるお金は一〇〇〇両そこそこということになります。

じつは実業家の渋沢栄一が幕末、藍玉（藍染めの染料のもと）を売る商売を手掛けるのですが、目利きがすごくて藍玉を見ただけで品質の善し悪しがわかったこともあって、十代そこそこで何回も一〇〇〇両ぐらいのお金を右から左へ動かしているのです。つまり渋沢栄一は高校生か大学生ぐらいの歳で、一万石の大名よりも強い経済力を持っていた。現在の埼玉に生まれた一豪農の息子がです。

これが江戸時代の矛盾で、一万石の大名で、どれだけ権威があって威張っていても、経済力では商売上手の農民の少年に勝てない。坂本龍馬もそうです。海援隊が船に荷を載せて一回運ぶと、それはもう何千両どころの話ではありません。つまり船頭が一回荷を運んだら、一万石の大名よりも収益を上げてしまう。
そんな不思議な光景のなかでの大名の権力なのです。

猪瀬　藍染めのための藍玉は、米よりもよほどいい換金商品だったわけです。換金商品に価値があるということは、江戸時代の社会には、さまざまな物産が求められる豊かさがあったということでもあります。

産業振興策としての二宮金次郎ファンド

磯田　明治維新を経て、わずか四〇年弱で日本は大国ロシアを打ち破り、五〇年後の第一次世界大戦が終わってみれば世界の五大強国の一つに数えられるようになります。これほど早く日本が大国入りできたのは、一つは「非常に高度な稲作をやるために、農民に土地所有の自由を与えたこと」「それにより農民の識字率が上がったこと」「商業を自由にさせて、その発展を抑えるような税制を採らなかったこと」という三つの要素が大きかったと思います。加えて、諸大名を中央に集めるために参勤交代を行なわせましたので、交通網や通信網もよくできていた。法に基づく支配もきちんとしていて、女性が自由に一人旅できる奇跡の社会を築いていた。経済的に発展するうえで、とてもいい要素が揃っていたのです。

猪瀬　当時、交通網があれだけ整っていた国は、ほかにないでしょうね。江戸時代と同時代で見た場合、物見遊山を含めて日本ほど日常的に街道を人が往来している国はなかったはずです。ヨーロッパの農民たちは、土地に縛りつけられた労働者のようなもので、ほかの場所に移動する自由もあまり認められていないうえに、そもそも、移動する動機もない。

ところが日本の百姓（＝庶民）は、独立自営の中小企業家たちであり、皆で「講」などを組織して、互いに資金を融通しあって、お伊勢参りなどにも盛んに行っていました。自己決定権を持つ自営業者たちが、家族を含めて自由に移動できる社会だった。

まさに農民は、経営者でもあった。だから二宮金次郎がやった農業振興策の一つは、農民に低利で融資するというものでした。その詳細については拙著『二宮金次郎はなぜ薪を背負っているのか？』にも書きましたが、「五常講」と命名されていました。

たとえば一〇両借りた場合は、原則としては五年年賦で無利息返済で返済してもらいます。年額二両ずつで、五年で完済ということになります。ただし完済できた人間には、六年目に「冥加金《みょうが》（お礼金）として、もう一年分を推譲《すいじょう》していただきたい」として、もう二両を支払ってもらう。「五年間、二両ずつ返済しても生活できたのだから、あと一年払っても大丈夫でしょう」という発想です。この二両が実質的な金利となります。

経営者としては安く融資してもらえるなら、こんなにありがたい話はありません。二宮金次郎の発想は、じつは単なるマイクロファイナンスではありませんでした。二両の金利分は権利でもありました。二両を出すことで、共有財産のようなかたちになる。僕は「二宮金次郎ファンド」と名づけてもよいと思うのですが、利用者・参加者がどんどん増えてファンドは一万両を超えるほどに巨大になっていき、投融資先は中小零細の経営者だけでなく、村全体、あるいは藩の行財政改革にも役立つ、産業再生機構のような役割を果たしていきます。

安定した貨幣制度の下、民衆の生活水準も向上

猪瀬　先にも話に出ました磯田さん原作の映画『殿、利息でござる！』も、貧しい宿場町の人たちが暮らしを楽にするため、一〇〇〇両のお金を集めて藩に貸し、毎年一〇〇両の利息を得ようという話でした。

磯田　『無私の日本人』に書いたのですが、十八世紀の仙台藩の領内で実際にあった話で、宿場町には「伝馬役」という義務が課せられるのです。宿場町間の人や物資の輸送を行なうというものですが、馬の維持費などにかなりのお金がかかる。通常なら藩がある程度のお金を支給するのですが、この宿場町は藩の直轄領ではないため支給されなかった。それで町が

どんどん疲弊していったのです。

猪瀬　宿場町の場合、それが税金にあたるわけですね。江戸時代の税金は一元化されてなくて、宿場は伝馬役とか、機能によって違っていた。

磯田　宿場町の人も多くは小さい田を持っていて、年貢米も納めているんです。また家屋については「畑扱い」といって、畑と同額の税がかかりました。都市の場合、さらに「地子銭」という地代、いわば土地税がかかります。

猪瀬　映画で銭貨を何枚も集めて、紐を通してまとめたものが出てきますね。

磯田　銭貫《ぜにつら》・銭差《ぜにさし》ですね。

猪瀬　江戸時代になっても庶民が使っていたのは、結局はああいう銭だったわけです。江戸時代の貨幣についても、日銀の貨幣博物館が二〇一一年に「貨幣・天下統一――家康がつくったお金のしくみ」という企画展をやっていて、貨幣博物館のホームページに上がっている図録を読むと、うまくまとまっていて、よくわかります。

戦国時代には各大名が鉱山開発を行ない、独自に金貨や銀貨をつくっていた。徳川幕府は慶長六年（一六〇一）に慶長金銀を発行し、独占的な貨幣鋳造体制を構築していく。江戸、京都、駿府などに金貨、銀貨を鋳造する金座や銀座がつくられていくのも同時期です。

銭貨については、江戸時代初期には、それこそ前に話が出た中国からの渡来銭が大量に使われていました。中国銭は宋の時代の宋銭から、明の時代の永楽通宝まで、多岐にわたります。永楽通宝は室町時代の日明貿易で日本に入ってきたわけですが、織田信長も旗印に用いています。

このような状況を受け、徳川幕府は当初、当時の上方を中心に一枚＝一文で流通していた京銭による銭貨の統合を図り、金一両＝銀五〇匁《もんめ》＝京銭四貫文（＝永楽通宝一貫文）の交換比率を定めるのですね。幾度も、良質な銭貨のみを使うようにという撰銭令《えりぜにれい》を出し、また慶長十三年（一六〇八）から翌年にかけて永楽通宝の運用停止を命じます。

そしてついに寛永十三年（一六三六）に独自の銭貨である寛永通宝を発行。全国十二カ所に「銭座」という鋳銭所を設置します。こうして寛永通宝の大量鋳造の体制を整えたうえで、寛文十年（一六七〇）、寛永通宝と、京銭など「古銭」や私鋳銭の混用を禁止する法令を出し、使用できる銭は寛永通宝に一本化されていくわけです。

もっとも、その後、銭相場は下落していって、十八世紀後半には金一両が銭五貫文から六貫文（一貫文＝一〇〇〇文）くらいになり、幕末の十九世紀半ばには金一両が銭一〇貫文くらいになっていくわけですね。

磯田　それまでは中国から輸入した銭貨を使っていたので、ある意味では中国の経済圏の影響を大きく受けていたわけですが、江戸幕府が成立早々に日本国内で金貨、銀貨、銅貨（寛永通宝）の鋳造体制を確立していき、そちらに切り替えていくことで、中国の経済圏から離脱し、日本独自の経済圏を確立した。

この切り替えの時期は、葬儀に使われる三途の川の渡し賃の六文銭からわかります。考古学者の鈴木公雄氏が掘り出して調べたところ、一六五〇年頃から寛永通宝になっているそうです。

第二章でもお話ししたように、一六〇〇年代はまだ絹などを中国から輸入していたので、金や銀、銅などが海外に流出することもありましたが、一七〇〇年以降は、江戸幕府が奨励して生糸の国産化を進めるので、金銀銅の流出も落ち着いていく。このような江戸幕府の経済政策で、日本の民衆の生活水準は大きく上がっていくことになるのです。

銭で回る経済がしっかり定着していた

猪瀬　映画『殿、利息でござる！』では、藩に貸すお金をつくるため、宿場町の人たちがお金を出し合うわけです。この映画の原作になっている磯田さんの「穀田屋十三郎」（『無私の日本人』所収）には、誰がどれほど出したかの一覧も載っていますね。

〈銭二千貫文・浅野屋（遠藤）甚内信之
銭五百五十貫文・穀田屋（高平）十三郎元弥
銭五百五十貫文・菅原屋（菅原）篤平治斗宜
銭五百五十貫文・大肝煎　千坂仲内賢包
銭五百五十貫文・肝煎（遠藤）幾右衛門
銭五百五十貫文・穀田屋（高平）十兵衛元長
銭五百五十貫文・（遠藤）寿内
銭三百貫文・早坂屋（早坂）新四郎
銭二百貫文・穀田屋（高平）善八
都合　五千八百貫文　金子《きんす》にして千両〉

磯田さんの「穀田屋十三郎」には、興味深いエピソードも紹介されています。実際に流通していたのは小判ではなく銭貨ですね。

藩にお金を貸して利息を取るという願いが仙台藩に聞き届けられたのは明和九年（一七七二）のことですが、じつはその数年前に願いが出されていて、その当時は一〇〇〇両＝五〇

○○貫文だった。しかし、仙台藩のお役所仕事で認可が遅れているうちに銭相場が下落して、一〇〇〇両＝五八〇〇貫文になってしまった。当時、仙台藩が銭貨の鋳造をはじめていて、銭の量が増えたからですね。必死に五〇〇〇貫文もの大金をかき集めたのに、さらに八〇〇貫文増えてしまって四苦八苦する宿場町の人びとの心模様が、磯田さんの作品では詳細に描かれていて胸打たれます。

五八〇〇貫文というと、一貫文＝一〇〇〇文ですから、銭貨で五八〇万枚ということになる。これは当時のこの規模の宿場町の人びとからしたら、とてつもない額でしょうね。

そして磯田さんの作品のいいところは、この苦労の後日談をていねいに書いておられることです。誰よりも抜きんでた金額を拠出した浅野屋の資金繰りが厳しくなってしまいますが、浅野屋は逆にさらに極窮人にまで金を貸すなど善行を重ね、それが評判を呼んで家業も持ち直す。さらには、その話を聞きつけた仙台藩主・伊達重村が浅野屋の屋敷に御成《おなり》（訪問）し、浅野屋が造っていた酒に藩主自ら酒銘を授け、それがまた大きな評判を呼んだという。心が熱くなる、とてもいい話ですね。

かくして一〇〇〇両を仙台藩に貸しつけ、仙台藩から毎年一〇〇両の利息をもらえることになり、それで伝馬役の運営費が賄えることになった。藩にお金を貸すというのは、税金の先納のようなものですが、それで運営費をタダにしようというのは、なかなか良いアイディアです。この発想ができるということは、この時代には、銭の流通も社会のすみずみまで行き渡り、安定していて、銭で回る経済がしっかり定着していたことを意味しています。

磯田　そうです。前にも話題に上りましたように、平清盛の日宋貿易などで銭が大量に入ってきて、庶民は銭を使うようになる。もちろんお米などの物々交換もありますが、庶民は一貫して中国銭を使っていた。そして江戸時代に入り、いよいよ国産の銭が登場するようになります。考えてみれば、日本が明治以後、これほど早く世界の大国の仲間入りを果たした背景には、早い段階から銭本位制になっていたことが、やはり大きいです。

一七〇〇年頃に日本は中国圏から完全に離脱した

磯田　日本は中国に対して自立的な関係を構築していきます。

一番目に挙げられるのは、まず中国に朝貢しなくなったという点です。卑弥呼の時代に朝貢していたことは『魏志倭人伝』に描かれていますが、その後、聖徳太子が対等外交を行なって朝貢は途絶えます。遣唐使が「朝貢」だとみなされることもありますが、これも菅原道《みち》真《ざね》が廃止します。室町幕府の足利義満は朝貢貿易を行ないますが、江戸幕府はまったく行ないませんでした。

二番目は、中国の元号を使っていないことです。沖縄や朝鮮半島では中国の元号が使われていましたし、ベトナムも使っていた時代が少なくなかった。ところが日本の場合、足利義満の時代など朝貢をしていた時期でも、中国の年号は使っていません。記録に残っている最初の元号は六四五年の「大化元年」ですが、以後、ずっと日本独自の元号を使い続けてきました。

そして三番目が、中国の銭を使わなくなったこと。第二章で見たように、平安の末期から鎌倉時代に中国の銭貨が大量に日本に持ち込まれ、日本は中国銭で回る経済圏になります。それが江戸時代には、先ほど見たように国産の銭貨によって完全に代替される。ここまできたアジアの国は珍しい。だから相対的に中国から強い自立性を持った国であり、経済だったと思います。

さらに四番目として、江戸時代になると、中国の暦も使わなくなる。これが日本の最終形態です。元禄期に中国の「宣明暦」という暦から脱却し、この過程を描いた小説が冲方丁さんの『天地明察』（角川文庫）です。

これら四つを成し遂げたのが日本で、極東アジアでこれほど中国から脱却していたのは日本だけです。なかでも大きいのが経済です。中国銭の使用を脱して、独立経済をとった。あれだけの大国の近くにありながら、日本だけは周囲と異なる道を歩んだのです。

猪瀬　聖徳太子の時代から中国からは独立傾向ではありましたが、江戸時代になって初めて、完全な独立性を持ったということですね。

磯田　そうです。貨幣では一六五〇年頃、暦も入れれば中国から完全に独立した行動が取れるようになるのは一七〇〇年頃です。『魏志倭人伝』によれば、卑弥呼は二三八年に朝貢を始めます。それから一五〇〇年近い時を経て、ついに中国からの完全な離脱を果たすのです。

商業・工業が優遇された銭本位社会

磯田　また、江戸時代の経済について、米を中心とする米納年貢制度だったから、徳川幕府の政策の柱を農本主義ととらえる見方がありますが、私はあまり賛成しません。逆に考えれば、お米で税金を取る、それも三、四割も年貢を取るのは、農業に重税をかけているということです。逆に、営業税はほとんど取らず、これは商業・工業優遇税制といえます。しかも米納年貢といっても、実際は銭でも取っているのです。現物納だけでなく、幕府や藩は銭でも徴収しています。ですから私たちが考えていた以上に、江戸時代は貨幣経済の社会です。

猪瀬　中国の宋銭を使っている段階から、すでに銭で回る社会ができあがっているわけですからね。

磯田　小判は高価なものですから、ふだん町場ではあまり見かけない。一方で西日本では、銀貨が流通しました。これは銀本位制を取っている中国との貿易に有利だからともいわれます。いずれにせよ、江戸時代に使われた丁銀はかなり高価で、一枚が何十万円という単位になります。そこで小玉銀と呼ばれる銀も使われましたが、これでも一匁が五〇〇〇円ぐらいする。一匁は三・七五グラムで、銀は量った重さで流通するから、使いにくくてしかたない。そこで銀や銭を代替する藩札が流通するようになるのです。大名の蔵屋敷が発券する「米切手（米の保管証明書）」のようなものです。

だから銭本位社会であるうえ、実質、紙幣が流通している社会でもある。紙幣の信用度がときどき問題になりましたが、それでもこんなに早い段階で紙幣が自由に流通しているのは、かなりすごいことです。おそらく西洋社会は同時期、紙幣をここまで流通させていません。幕府は紙幣を発行しませんでしたが、藩札の信用性は、かなり高いものがありました。

これは藩の権力が強いことでもあります。

江戸幕府の銭貨ライセンス制度の大失敗

磯田　ただ江戸時代の貨幣制度には大きな欠陥があって、幕府も後になってそのことに気づくのです。日本は「三貨制度」といわれるように、金、銀、銅つまり銭という三種類の貨幣を使うわけですが、このうち金と銀は金座と銀座によって幕府の管掌下にあり、供給量をコントロールできました。

これに対し、庶民のお金であり、発行量の多い銅銭は、恐ろしいことに諸藩にライセンス生産させていたのです。だから大きな藩は、どの藩も銭を鋳造していました。たとえば『殿、利息でござる!』の舞台の仙台藩も、銭の鋳造をしていた。

猪瀬　銭は同じかたちをしているから、共通の約束事をつくれば流通できる。金には金属としての価値があるけれど、銭の原料の銅の価値はそこまではない。それなら、たくさんつくろうという話にもなる。

磯田　そうなんです。そこで幕府はつくっていい量を決めるのですが、藩がいうことを聞かないのです。それでも最初の寛永通宝のときは、さほどでもなかった。問題は天保期に発行した天保銭で、各藩が大量に密造したため江戸幕府の貨幣制度はおかしくなるのです。

猪瀬　天保銭つまり天保通宝は、楕円形のものですね。天保銭一枚の価値は、それまでの銭一〇〇枚分でした。たしかにそこまで一枚あたりの価値が上がれば、原料の銅の価値との比較からしても、密造した発行利益が格段に上がりやすい銭貨になります。

磯田　おっしゃるとおりで、それまでの銭が一枚五〇円だとすれば、天保銭は五〇〇〇円分の価値ということになる。五〇〇〇円になっても、銅貨の鋳造コストは安い。原価率がとても低いのです。

だから「天保銭を密造した藩ほど豊かになる」という構図ができてしまう。最も密造したのが薩摩の島津で、ものすごい量の薩摩製天保銭が見つかっています。薩摩藩は藩内の造幣局で幕府の銭を大量につくり、これでインフレ状態が起こるのです。インフレが起これば起こるほど、将軍様のご威光は落ちる。そのいっぽう、大量につくったお金で武器を買っていたのだから、効率のいい密造稼業だったといえます。

では、なぜ江戸幕府は貨幣の鋳造を全部管理下に置かなかったかというと、「貴穀賤金」という発想です。お金、とくに庶民が使う銭は賤しいから、将軍様が直接やる仕事ではない、諸大名に任せればいいという昔の価値観が仇になっている。

猪瀬　幕府は八〇〇万石で、全国には三〇〇〇万石あるのですから、その意味では地方分権国家といえます。アメリカの「ユナイテッド・ステーツ（合州国）」ではありませんが、それぞれ州が高い独立性を帯びていて、それぞれに州兵がいるようなものです。それなのに江戸幕府は統一政府としての貨幣管理をしなかった。

磯田　明治維新で変わった部分として、貨幣経済という点はもちろん変わっていませんが、貨幣発行権の統一があります。坂本龍馬が明治維新に向けて盛んにいっていたのも、幕府のでたらめな貨幣政策をまともにする、というものでした。

信用に基づく管理通貨制で金融政策も行なわれた

猪瀬　貨幣の密造は、幕府が禁止しているわけではないから、正確には放任なので密造ではありませんが、勝手につくるのは江戸時代以前にも行なわれていましたよね。

磯田　「びた銭」のような粗悪なものは、たくさんつくっていました。ただ中国から輸入するほうがコストが安かったので、それまでの政府はつくらなかったのでしょう。銭貨の価値と比較したら銅の値段も高いし、鋳造技術も中国ほど大量生産できるものではなかった。

猪瀬　当時は鉄も銅も、地金の価値それ自体が高かった。だから銭貨が一枚五〇円程度の金額の場合には密造しても割に合わなかったけれど、一枚五〇〇〇円になったとたん、おかしなことになった。

磯田　近世に入って権力の信用度が非常に高まったため、天保銭に五〇〇〇円の価値があるといわれたら、皆、疑問もなく使うようになりました。逆にいえば、これも江戸幕府のご威光なのです。楕円形の銅の塊が五〇〇〇円だと、みんなに信じ込ませる力が、近世の江戸幕府という政府にはあった。

これは明治維新でも変わらなかった点で、太政官札のような紙きれでも、なんとか流通する。集中された暴力、統合された法制権力のもと、この島国の人たちは一貫して政府を信用し続けた。これはもとを辿れば、戦国武将や秀吉がつくった権力が、他に並ぶものがないほど強かったからだと思います。

猪瀬　明治大学准教授の飯田泰之さんが、『歴史が教えるマネーの理論』（ダイヤモンド社）で、江戸幕府の官僚が、貨幣の価値は金や銀などの金属の価値に基づくのではなく、幕府の信用に基づく管理通貨なのだと認識していたとして、十七世紀末の元禄時代に貨幣の改鋳を行なった荻原重秀のこんな言葉を紹介しています。

〈「たとえ瓦礫《がれき》のごときものなりとも、これに官府の捺印を施し民間に通用せしめなば、す

なわち貨幣となるは当然なり。紙なおしかり」〉

磯田　ご威光の中身がどのように決まるかというと、やはり暴力や行政規模の大きさです。先ほど、各藩が発行する紙幣である「藩札」が早い段階から自由に流通していたといいましたが、しかし、やはりどの藩が発行した紙幣かによって、価値が変わることはあったわけです。たとえばある藩が一〇匁で発行した藩札が、他藩では八匁でしか通用しないようなこともあります。たとえば岡山の新見《にいみ》藩のような、一万石程度の小藩が発行した藩札がそうです。

猪瀬　小藩の藩札の場合、紙幣の保証能力という点で疑問符がつけられてしまうということですね。

磯田　そうです。岡山では昔、ちょっと足りないことを「新見の札」などといっていました。いっぽう三〇万石あるような藩や尾張藩のような大藩で、しかも殖産興業が盛んなところでは、経済力の裏づけが強いので藩札の価値が下がらない。

猪瀬　たとえばお米で税を納める場合、離れた場所のお米を送るのではなく、代わりに藩札で支払うというやり方、小切手が機能していたということです。大陸国家のように異民族が多数いるわけでもないうえに、江戸幕府という強大な中央政府があるので社会が安定していて、そのような為替的な約束が広く通用したのでしょう。

中国銭を輸入していた時代は、少なくとも発行数量に関しては管理がまったくできていなかった。それが江戸時代に入って、少なくとも金銀に関しては江戸幕府が一手に管理するようになった。そうなると金融政策的なものもある程度できるようになり、貨幣改鋳も行なわれるようになった。貨幣経済が大きくなり、市中に回る量が増えれば、貨幣の流通量を多くしなければなりませんから。

課税調整措置としての「徳政令」で経済活性化

猪瀬　現代に生きるわれわれの感覚で、いまひとつ納得感がわかないのが「徳政令」すなわち債務破棄令ですね。

東京工業大学教授の山室恭子さんの『江戸の小判ゲーム』（講談社現代新書）によると、江戸期には延享、寛政、天保とそれぞれ五〇年ごとに債務破棄令が出ていたそうです。山室さんは、このことについて、こう書きます。

〈これは〈富の再分配〉ではないか。武家から商人へと年々移動し固定化し流通しなくなってしまった富を、五〇年に一度、強制的に商人から吸い上げて武家に再分配することで、

「世上不融通」を解消し、売買・貸借という両者間の経済活動を再び活性化する役割を公儀は積極的に担っていたのではないか〉

つまり、江戸の経済システムのなかでは、どうしても商人に金が集まってしまうので、武家の窮乏を招いてしまう。江戸の町では武家が人口の半分を占めるので、武家が窮乏して消費が冷え込んでしまうと、商人にも深刻な営業不振をもたらしてしまう。そこで、債務破棄によって、経済を活性化していたのだというのですね。

それが五〇年ごとというのがおもしろいですね。五〇年だと、当時は平均寿命も短いので、場合によっては世代が四世代ぐらいにまたがります。つまり「自分が抱えている借金は、じつはひいおじいさんの時代の借金」という事例だってあるかもしれない。すると当然、「なぜ、ひいおじいさんの借金を自分が返さなければならないんだ」という不満が出る。そこで一回、借金をゼロにするわけです。

逆にいえば、それができたということは、商人がそれだけ豊かだったということでもあります。商人には売上げに応じた税金もかかっているわけではありませんから、見方によってはロングスパンでの課税調整ということかもしれない。そうすることで大店《おおだな》を中心にいろいろなところに集積している富を、一回元に戻す。それを五〇年に一度、計三回やった。

磯田　「棄損令《きそん》」といって、武士の借金について棒引き令が出るわけです。徳政令が濫発されたのが室町時代です。しかも、武士だけでなく一般庶民まで借金を帳消しにした。後には、将軍だけでなく、守護大名も徳政令を濫発するようになる。さらには、もっと小さい単位の領主が「私徳政」という借金棒引き令を勝手に出した。

ここは大事な点で、江戸幕府は徳政令を出したといいつつ、対象は武士限定で、さほど濫発しなくなっているのです。

猪瀬　要するに江戸時代は、マクロ政策的なものとして、三回の借金棒引き令を出している。それ以前の室町時代には制度化されたものでなく、もっと小さいところで、それぞれが勝手にやっていたわけですね。それでは経済の活性化という目的ではなく、単に厳しい借金の一時しのぎということでしょう。あまりにもそのような徳政令が濫発されると、今度はむしろ貸し手の商人が警戒してしまい、利子が上がったり、貸し出しを渋ったりして、経済にとっては逆効果になる場合もあるわけです。江戸幕府は、その点、とてもバランスよくやっていたということなのでしょう。

商取引が安全に行なわれる社会環境の素晴らしさ

磯田　日本をはじめ先進諸国が、自由経済になったり資本主義国になったりした理由として、これまで「資本の蓄積ができていたから」といわれてきました。ところが一九九三年のノーベル経済学賞受賞者である新制度派経済学のダグラス・C・ノース氏が、この誤りに気づくのです。資本主義は、資本の蓄積によって生まれるのではない。資本の蓄積も資本主義も、制度的な条件が整った結果、生じるものであると。

条件とは、商取引が安全に行なわれる制度や社会環境です。これらが整ったときに資本の蓄積が生まれ、安心した商取引のなかで自由経済や資本主義が発展する。最初に資本蓄積が生まれるはずがないと、彼は鋭く突いたのです。

では、どのような社会環境かというと、私的財産権の保障がきちんとなされていること。つまり、安心して豪商がお金を貸せる。加えて、誰と取引しても安心できる。突然、取引がダメになったりしない。「あそこにいい商品がある」と知ることができる情報インフラ面の問題もあります。こうした点で、江戸時代はじつにすごい。

猪瀬　税の納め方でも、日本では中世の頃から為替的な納め方をしています。お米の現物を納めなくとも、たとえば麻などもっと軽い品物で代替させ、納税地でお米に換えてもらうということもあった。それが江戸時代には、戦争もなくなり、さらに流通や為替が安定するようになった。

磯田　考えてみたら非常に不安定な社会では、顔見知りや親戚などの間でないと、お金の貸し借りなんて絶対にできません。そういう社会では資金供給量も少なく、借りようとすると利子がものすごく高くなるから、小規模の商売しかできなくなります。不特定多数から資金を集めて株式会社を設立し、株主には配当をきちんと払う。その流れが充分に安心できるものでなければ、資本主義国家なんて生まれません。資本の蓄積は、そういう状況のなかで生まれるのです。

江戸時代の日本は、法が極めて厳しい国家で、かつ国民の識字率が非常に高い情報国家でもありました。持ち逃げしたら必ず捕まえるというのが、他のアジア諸国とは違うところで、これが資本の蓄積を生んだと考えられます。

日本史をこのような観点から解釈し直した研究理論はまだ出ていませんが、これは正しい考え方だと思います。江戸時代が発展したのは、私的財産を保障したり、自由な取引が安全にできる社会土壌ができあがったりしていたからなのです。

「江戸時代は貧農ばかりだった」は大間違い

猪瀬　農地も所有権が確定していましたからね。

磯田　だから担保にもなるのです。もし、武士が土地の所有権を持っていたら、庶民は土地を担保にお金を借りて、藍玉を買うなりして染織業を営むといったことはできません。担保物件として農民の土地利用の権利が保障されているから、土地を担保にお金を借りて産業を発展させることができるのです。

猪瀬　自分の土地を持たない小作人が増えるのは、むしろ明治になってからです。たとえば太宰治の家は豪農だけど、規模を大いに拡大して大地主に成長したのも父親が大きな屋敷を建てたのも明治時代に入ってからです。明治になって土地の売買がどんどん進んで小作人が増えていった。共産党の歴史観では、「江戸時代は農奴制のような社会で、小作人や貧農ばかりだった」となるのでしょうが、これは間違いです。

磯田　農業の技法的な背景もあったと思います。江戸時代の本百姓制度が維持されていた頃は、労働の投入こそがお米の生産を支えていました。それが太宰のお父さんの時代、明治に入ってくるとお金で肥料を買ったり、馬や牛を買ったりと、資本を投下することで農業が伸びるようになった。あるいは商品作物の栽培が、もっと盛んになった。規模の経済性が生まれ、お金持ちが大きくやるほうがいいとなって、小規模農民はどんどん土地を手放し、いわゆる「農民層分解」という問題が起きてくるのです。

農民層分解は、江戸時代のような村落社会では、本格的には起きません。なぜなら納税の単位が、最終的には村だからです。貧しい小作人ばかりだと、庄屋が彼らの分を払わないといけなくなってしまいます。

猪瀬　江戸時代は名主（庄屋・肝煎《きもいり》）が徴税機能を持ち、いわば国税庁の出先機関の役割を担っていた。村単位で払うのだから、村民がきちんと納税できるようにする必要がある。

磯田　極端な話、江戸時代のシステムだと、猪瀬村という村があって、その大庄屋である猪瀬家が「今年は自分が全部払う」といえば、猪瀬村の年貢はそれでもいいのです。

猪瀬　村が一つの経営体になっていますからね。

磯田　耳を揃えて四〇〇石なら四〇〇石の年貢を領主に納めるなら、村のなかでどう割り振られているかは問題ではない。大事なのは村単位で納税していたことで、これが明治になると、地租改正によって一戸ごとに地券が発行されて戸主が確定され、戸主が年貢を払うようになるのです。

村納税主義から家納税主義を経て、個人単位の税制に

猪瀬　明治になって地租に切り替わりますが、要は固定資産税ですね。収穫高に応じるのではなく。いま固定資産税は、地方税ですが、明治の中央政府は固定資産税を国の重要な財源にしていた。

なにしろ、明治三十三年（一九〇〇）の税収項目の第一位は酒造税で五〇二九万四〇〇〇円、第二位は地租で四六七一万八〇〇〇円です。この年度の予算額が二億五四五四万九〇〇〇円ですから、酒造税と地租で税収の四割くらいを賄っていたことになります。

磯田　明治三十年代の日本では、いわば酒造税と地租で国を運営していたのです。だから極論をいえば、家単位に税をかけていたのです。人頭税ならぬ〝家頭税〟ですね。明治の日本では、世帯単位で徴税するという考え方に立脚していた。

本来、人間の脳やサービスが富を生む社会では、徴税の単位は個人にする必要がありま す。個人から徴収するには、個人番号を振るという手続きが必要になります。ところが個人番号が振られはじめるのは、つい最近のことです。日本は村納税主義から家納税主義を経て、ようやく個人単位の税制になったのです。

猪瀬　「サラリーマン」という言葉は、大正時代に生まれました。当時は「サラリードマン」といって、宮仕え（個人事業でなく組織に所属）する人を指した。当時、宮仕えする人は三〇パーセントぐらいでしたが、いまは七〇パーセントぐらいまで増えています。だから現代はずっと、個人から徴税しやすくなっている。給料から所得税分を源泉徴収できますから。しかし、大正時代はサラリーマンが三割ほどしかいないので、徴税しにくい。結局、地租から始まった税金の集め方しかできなかったということでしょう。いまのような給料天引きの源泉徴収をするようになったのは昭和十五年（一九四〇）、戦費調達がしやすい、とナチス・ドイツの制度にならってからです。

ところで、太宰治の父親の津島源右衛門が、高額納税者で貴族院議員となりました。津島家は、青森県でも有数の大地主でしたから。

当時は高額納税者を貴族院議員にした。ところが青森県には貴族院議員になれるような高額納税者が七、八人いる。ただし高額納税者枠の貴族院議員は一県につき一人しかなれない。そこで七年ある任期を彼らの間で一年ずつ回しあうのです。「貴族院議員にしてあげる」ということで、高額納税者に名誉というインセンティブを与えていた。

磯田　農民層分解で新たに生まれた大地主を貴族院議員にして、納税の見返りにいい思いをさせる。地主のなかで貴族院議員にまで至らない人は、多くは県議会議員になっています。

猪瀬 江戸時代には、多種多様なかたちでの税金があったのに、明治になって継続されなかった。

磯田 基本的にされていません。江戸時代は本年貢のほかに、「小物成《こものなり》」という、いわゆる雑税がありました。ほかに「村入用《むらにゅうよう》」という村費もあって、いろんな集め方があった。

猪瀬 村入用は、自分たちで集めたものを自分たちの村の行政費用に充てるということです。これは暮らしの身の回りのことについては、近いところから税金を取り、その使い途を近いところで決めるという点で、税のあり方として正しい。村の人びとから「村入用」を集め、村の益に活用したり、再分配したりするのですから。

都市にも「町会所」と呼ばれる自治機能があって、村同様ここで集めたお金を、また町の人たちに再分配した。地方分権の思想は「近くのことを近くの人たちが決める」というものですが、江戸の社会はまさにそのようなあり方になっていた。これだと徴税吏も要らないし、幕府に吸い上げられることもない。むしろ幕府は、いわば交付税交付金として援助したりもする。たとえば家賃が払えない人がいたら、「町会所」が大家さんにその家賃を補償するといったことも行なっていた。

ほかにも江戸時代は何か起きたとき、豪商や町人たちから自発的献金のかたちをした実質上の税金を取ったりもした。あるいは伝馬役のように、特定の仕事を税金代わりに課した。そうした多様性が明治になって失われてしまった。これは明治になって社会が中央集権的になったことの一つの側面なのでしょう。

田舎の人たちが東京都民にした仇討ち

磯田　とはいえ、やはり税金に関していえば、江戸時代、圧倒的に多いのは農民からの年貢です。のちに営業税のようなものも設けられますが、後発なので多くは取れませんでした。

農民が重税で、商工業者など非農民から税金を多く取れないという状況は明治維新後も変わらず、昭和の初めまで続きました。農民と商工業者の税負担率が平等になるのは、昭和十年（一九三五）近くになってからです。明治時代は農民だけが高い税を納め、都市にいる商工業者の税負担は非常に軽かった。

私は「戦後仇討ち論」と呼んでいるのですが、たとえば辰野金吾が設計した東京駅をはじめ、日本近代化の基盤となる建物は全部、明治・大正期に造られています。このとき東京に大量に投入されたインフラのお金は、大半が農村からの税金です。つまり農民が汗水たらして稼いだお金が都市に集められ、都市に幸せをもたらした。農民は取られる一方だった。

それが戦後は状況が変わり、いま税を使われる割合を考えると、明らかに田舎のほうが多い。この前、驚いたのですが、徳島のある村に行って聞いてみたら、自主財源は三億円なのです。「それで、おいくら使っていますか」と聞くと、「三〇億円です」と。

猪瀬　その村は、中央と県から地方交付税やら補助金などを二七億円もらっているということだね。

磯田　逆に東京都は、交付税をもらっていません。そういう構造なので、一時、田舎に道路がたくさんできて、都市の人たちが「無駄遣い」と怒っていました。あれは戦後になって、田舎の人たちが東京都民にした仇討ちではないかとさえ思います。

猪瀬　フランスとベルギーの合弁銀行が、日本の地方自治体に融資するため来日したことがあります。このとき合弁銀行のフランス人と話したのですが、「こんなに田舎で、地方が豊かな国は見たことがない」と驚いていました。フランスの田舎へ行くと本当に田舎で、中世のような世界が残っているが、日本はどこに行っても整備されている。これは融資のしがいがあると。なにしろ日本の場合、国の補償がついていますから、必ず返済してくれますしね。

磯田　日本の田舎は、世界に冠たる資本装備です。

猪瀬　日本の地方自治体に、外国の銀行からお金を借りるという市場ができはじめているのです。結局、リーマンショックでその銀行は潰れましたが、このときの驚きは忘れられません。逆にいえば、いま地方への分配が行き過ぎているぐらいなのです。

五〇〇万両もの通貨発行益をもたらした荻原重秀

猪瀬　第二章で見てきたように、中世の大名は領内関所を設けて、通行人からかなりの銭を取っていましたが、あれは、いわばヤクザのみかじめ料みたいなものですね。店を開く人が、ヤクザに用心棒代として場所代を払うようなこともありましたが、これと似た感覚のように思います。江戸時代はそういう制度はどうなったのか。

磯田　関でお金を取ることはなくなります。中世の日記を見ると、かわいそうですよ。至るところに関があって、そうとうお金がないと通行できない。海を行っても陸を行ってもです。

猪瀬　先に、網野善彦さんが「明治初期につくられた壬申戸籍では農民が八割近くということになっているけれども、実際には商工業者が四割いたはず」と指摘されていたことを紹介しました。すると、もう米だけでなく、徳島の藍や瀬戸内海の塩など、いろんな特産品を生産し、流通している。塩は、税金を取っていたのですよね。

磯田　運上金を取っていました。

猪瀬　そういう米以外の産物の流通量は、ものすごく膨大であるはずです。塩以外の産物について、どうやって税金を取っていたのか。運送業など、サービス業的な部分もありますが、それに対する税金などはどうなっていたのか。

磯田　ほとんど税金は取れていません。港で「船一艘あたりいくら」というかたちで運上金を少しずつ取るのですが、売上げの数パーセント程度でたいした額ではありません。農業部門のように、収穫量の三〇パーセント、四〇パーセントも取るなんてことはできない。

猪瀬　お米はわかりやすかった、ということですね。石高に応じて税金を取るのは、ざっくりといえば土地の面積に応じて課税するのに近いものですから。

先ほど磯田さんから、都市や宿場町などで間口に応じて税金を取っていたスタイルが、現代風にいえば「外形標準課税」で、商売の新陳代謝を上げるのに効果的だったと指摘がありましたが、そこも併せて考えると、江戸時代の経済政策はとても興味深いですし、現在のヒントになるものも多い。

磯田　そのようなもののほかに、もう一つ大事な経済政策が金融政策です。江戸時代は政府が貨幣発行を金貨、銀貨については独占的に行なっていましたので、金融政策が成り立つ前提ができていました。国内で流通している貨幣の量を調整しようということで、貨幣改鋳も起きたのですが、この貨幣改鋳が、現在でいうところの金融政策のような役割を果たしたのです。

猪瀬　先ほど、元禄時代に貨幣の改鋳を行なった荻原重秀の言葉を紹介しましたが、彼は貨幣改鋳によって幕府に五〇〇万両という莫大な通貨発行益をもたらしました。

彼のことについて、金沢大学教授の村井淳志さんが『勘定奉行　荻原重秀の生涯』（集英社新書）という本を書かれています。これによると、元禄の改鋳で荻原は、金の含有量を慶長小判の八四・二九パーセントから五七・三六パーセントに変更したそうです。つまり金の含有量は二七パーセント減りました。しかし、幕府は一パーセント程度の増歩（プレミアム）で同価通用させたのです。これは荻原の先ほどの言葉、「たとえ瓦礫のごときものなりとも、これに官府の捺印を施し民間に通用せしめなば、すなわち貨幣となるは当然なり。紙なおしかり」という思想に裏づけられているのでしょう。

しかも、よく元禄の改鋳で物価騰貴が起きて庶民が苦しんだといわれますが、村井さんによればそれは誤りで、改鋳のインフレ圧力はたいしたものではなく、物価は年率三パーセントの上昇だったといいます。

では、五〇〇万両もの通貨発行益がどこから生まれたか。これについても、村井さんは興味深いことを書いておられます。

〈それほど巨額な財が、無から生じるはずがない。どこからか、価値の移転があったはずだ。それはどこか。これまで述べてきたように、大衆の犠牲の上に出目を稼いだとする説は誤りである。庶民は、別に改鋳に苦しんでいなかった。では誰が、改鋳の被害を受けたのか。

自明であろう。それは、慶長金銀を大量に保有、退蔵していた商業資本や富裕層である。彼らにしてみれば、手持ちの慶長金銀がいずれ、購買力の小さい元禄金銀と強制的に等価交換させられる。蔵に積みあげた千両箱の実質購買力が切り下げられる。改鋳の実態を知って、地団駄を踏んだにちがいない〉

さらに村井さんは、商業への課税は現代であってもたいへん難しいが、荻原は改鋳によって、税務調査をすることなく、富の多さに比例して一定の割合を税額のように吸い上げたのだと指摘しています。

このような荻原重秀の経済思想は、新井白石に否定され、新井白石が金の含有量を増やす貨幣改鋳を断行したために、経済はデフレになった。しかし江戸時代、貨幣は「信用」によって価値づけられるという、現実にその思想に基づいて経済政策が行なわれたことがあるということは、近代的な思想の萌芽があったと思います。

藩は生産性を上げるべく工夫を凝らした

猪瀬　ここで少し整理したいのですが、室町まではある意味、経済政策はなかった。

磯田　そうです、徳政令以外は。むしろ破壊的な方向で行なわれていた。

猪瀬　破壊的政策しかなかったのが、江戸時代になると幕府が経済を好転させる政策を打つようになってくる。

磯田　政府による経済政策として、いちばん最初に行なわれたのは社会資本（インフラ）整備です。代表的なのが用水路の開削で、これは中世から始まり、戦国大名もやっています。次の段階になると、米の収穫量を増やすために溜池を造るようになる。なかでも一六〇〇年から一七〇〇年までに西日本の大名たちが造った溜池の数は、凄まじいものがあります。

猪瀬　香川県の高松空港に飛行機が着陸するとき窓の外を見ると、溜池だらけです。あそこは水が足りない土地柄ですからね。

磯田　香川県は空海が改修した満濃池が有名で、中世の領主もいろいろ造りましたが、江戸時代はそこからさらに三倍増ぐらいになっています。

もっと細かいものとしては、農業資本装備を持たせるため、いまJAがやっているような投資金融もしました。牛を持ちたい農家には、「牛銀」という貸しつけを行なうとか。

猪瀬　それは誰が貸しつけるのか。

磯田　藩です。岡山藩は盛んに貸しつけていましたし、他藩にも同様の制度がありました。牛を持たせるのは、現代流にいえば、いわばトラクターを買わせるようなものです。もちろん、共同で持たせる場合もありました。

猪瀬　いまの県や市は「お役所的」な発想が多くて、自分たちの生産性を上げるという発想があまりありませんが、当時の藩は売上げを伸ばそうと努力する「企業的」組織だったということになりますね。あるいは中央政府からの交付金が期待できないから、独力で税収を確保しなければいけない。だから生産性を上げるため、牛を買わせたり、新田開発させたりした。そうすると、それだけ売上高が増える。まさに自己責任の、一種の企業です。だから公共事業的なものも、いろいろやる。

磯田　教育投資も盛んに行なっています。岡山藩の場合、教育を農民に授けたのは、農民を勤勉にするためだったのですが、じつは農民の識字率が上がると生産性も上がるのです。近世の大名や領主が、このことをどこまで自覚していたか不明ですが、私は何となくわかっていたのではないかと思います。

猪瀬　長野と岡山は教育県といわれていますが、岡山は何をやったのか。

磯田　一二三カ所に農民用の手習い所をつくりました。いわば公立小学校です。それから「郡医者」という公立診療所を建設した。ここまでやると、もはや近代福祉国家の原型です。つまり水の投資、新田開発、教育投資、牛などの資本投資という四方向に対する投資を江戸時代の大名は行なったのです。

こうすれば、もちろん生産性は上がります。人口ものすごく増えた。そのような成功事例が岡山藩や加賀藩など何藩かで生まれてくると、他藩も真似しはじめる。これが十七世紀の状況です。

猪瀬　真似をするというのが、またおもしろい。情報が出回るのですね。他自治体のよい取り組みを真似するというのは、いまも同じです。

日本には「四つの地域」があった

猪瀬　社会資本整備でいえば、江戸幕府は利根川の流れを変えています。それまで江戸に流れてきた利根川を鬼怒川と合流させて銚子のほうに流れるようにして、荒川だけが江戸に流れるようにした。この大公共事業によって、関東平野の人口は増えました。

ところが元禄以降、関東平野はやや人口減少のトレンドに入ります。江戸という大都市に人口が吸い込まれるバキューム現象が起きていたのです。結果として関東平野の人口が減り、農村が荒れてしまう。二宮金次郎が下野国（栃木県）の桜町領の再建に赴き、その荒廃ぶりに言葉を失った。金次郎の伝記『報徳記』（富田高慶著）にはこう記されています。

〈家々は極貧で衣食が足らず、身に破れた衣類をまとい、口にかすのようなものを食い、耕作の力なく、いたずらに小利を争い、紛議訴訟のやむときがなかった。男女とも酒をあおり、賭博にふけり、私欲のほかは他念なく、人の善事を憎み、人の無事災難を喜び、他を苦しめ己を利することを工夫し、名主は役威を借りて細民を虐げ、細民はこれを憤って互いに仇敵の思いをし、少しばかりの損益を争ってたちまち闘争するという状況だった〉

西日本では人口が微増していますね。このあたりは気候の問題もあるのでしょう。

磯田　関東平野の人口減は、三つ原因があったと思います。一つは浅間山の噴火、二つ目は江戸が吸い込んだこと、もう一つ大きかったのが二毛作ができなかったことです。すでに四国と九州は二毛作をやっていました。米の収穫のあとに、麦も植えられるというのは、面積あたりの穀物収穫量としては大きいものがあります。だから人口がものすごく増えたのです。しかも近くに江戸のような大都市がないので、若者が都市に働きに出たりせず、男女の結婚年齢が低いままだった。なかでも九州の人口は江戸時代から一貫して大きく増加しています。

猪瀬　気候と二毛作は、もちろん高い関係性がありますからね。

磯田　もう一つ、地下水の水位を変えられず、べちょべちょの湿田のままだと二毛作は困難です。関東平野は水はけの悪いローム層で、川沿いは強湿田だらけなので明治になってポンプが導入されるまで二毛作が難しかった。神奈川では二毛作をやっていましたが、房総半島の銚子と能登半島の先を結んだ線より北側は、米単作地域だったと考えていい。

猪瀬　でも千葉は、いまだに畑だらけですよね。

磯田　そうですね。江戸時代も陸稲《おかぼ》しかつくれない土地が多かった。昔は麦や大豆が豊富に穫れたと中世史の人は指摘しますが、やはり米が穫れることが大事です。

猪瀬　関東で人口が減少したのは、関八州が天領で地方自治がきちんとできていないこともあるでしょう。

「赤城の山も今宵かぎり」で有名な博徒の国定忠治が跋扈《ばっこ》したのは二宮金次郎が活躍したのと同じ時代です。関東平野は一万石、二万石の小さな大名や、旗本の知行地があったり、幕府直轄の天領が点在していたりで行政単位が小さいので治安も悪かった。代官には警察力がない。幕府は関八州取締役というＦＢＩ（連邦捜査局）のようなものを設け、村々を巡回させていたがとても充分とはいえなかった。

磯田　江戸時代の用語で、大名がいるところを「領国」、そうではないところを「非領国」といいます。非領国は本来なら衰退するのですが、畿内一円の非領国は豊かなんです。もともと識字率が高く、資本も潤沢で、工業生産の土壌もあったからです。ただし人口は増えない。都市部に働きに出る人が多く、結婚年齢が高すぎるからです。

猪瀬　非農業民の比率が高いのでしょう。近江商人などもいますからね。

磯田　だから日本には、四つの地域があるのです。経済史の速水融氏の研究をもとに思案してみると、大名の強い権力のもと、上から農業投資が行なわれたりして、そこそこ豊かで人口が増える西日本。

非領国なのに豊かだけれど、結婚年齢が高すぎ人口が増えにくい畿内。

非領国できちんとした自治が行なわれず、二毛作もできないので人口が減り続け、やや悲惨な状態になっている関東。

そして四つ目が、領国だけど大名権力があまり面倒を見ずに、むしろ搾取するところが多く、少し飢饉がくると農民が本当に飢え死にする東北です。

「日本」といっても、一様にはいえないのです。

「宗教卓越国家」の残滓を消し去った寺請制度

猪瀬　中世以降、日本の宗教権力はどんどん弱まっていくわけですが、江戸時代は比叡山の僧兵などは、どうやって暮らしていたのか。

磯田　僧侶人口自体が減るのです。一六五〇年頃、各大名家が仏教大弾圧を始め、僧侶人口を強制的に減らしました。そして検地をやって、寺領を大きく削る。さらに一〇軒あったお寺を一つにまとめたり、神社も「寄せ宮」といって数カ所を一つにする。そうして脱宗教化を図ろうとしたのが、最初の五〇年から一〇〇年です。

猪瀬　戦国ではなく、江戸に入ってからそういう動きが起こった。

磯田　この頃、「宗教卓越国家」の残滓は消え去っていき、日本人は神仏を頼むのではなく、リアルで俗な世界に入っていくのです。

猪瀬　仏教は、ただの葬式仏教になった。江戸幕府は民衆に対して、キリシタンでないことを証明するために寺請《てらうけ》証文を受けることを義務づけた。寺請制度といいますが、これによって、必然的に誰もがどこかのお寺の檀家になったわけです。ですから、お寺がつける「宗門人別改帳」が戸籍の役割を果たすことになった。その代わり、お寺からすれば、檀家となった人びとからお布施が入ったり、戒名をつけることで収入を得たり安定財源を手にすることができるようになった。

江戸幕府は、お寺に戸籍原簿や租税台帳など行政事務を請け負わせたわけです。これによってお寺は中世のような経営者的発想や学問的な世界ではなくなっていきます。幕府は戸籍の管理と墓の管理でお金が取れる仕組みをつくる代わり、寺領を全部取り上げてしまった。

磯田　逆に神主はひたすら貧しい。氏子はいても、お金が入るような制度化はされていませんから。お寺は葬式仏教や戸籍係をすることで、檀家からお金をたくさん取る制度になっているのに、神社は初穂料といってお祭りや安産祈願などで御札を売るぐらいしかない。

猪瀬　神社はどうやって食べていたのか。

磯田　もう自活です。だから幕末に近づくにつれ、神主さんたちが反体制勢力になっていく。そのスターが、国学者の本居宣長や平田篤胤《あつたね》でした。幕末にかけて彼ら国学者が大人気を博したのは、寺請制度に対する激しい反発があったからです。いちばん激しいかたちで仏教への攻撃が起きるのは、薩摩藩です。「仏風呂」といって、木の仏像を鉈《なた》で頭からかち割って、お風呂の釜にくべていたほどですから。

猪瀬　明治に入って起こった、あの激しい廃仏毀釈《きしゃく》は何だったのかと思いますね。法隆寺の回廊に馬がつながれていたとか。宗教的権威がまったくなくなってしまいます。

磯田　いま奈良公園に行くと、鹿が飛び跳ねていますね。あそこは、じつは廃仏毀釈のときの寺の跡なのです。奈良公園一帯は、もとは僧侶たちのきらびやかなお屋敷都市でした。それを廃仏毀釈のときに、全部ぶっこわしたのです。

猪瀬　廃仏毀釈は、毛沢東の文化大革命のようなものだった。

磯田　そう。奈良公園は、凄惨たる仏教破壊の痕跡なのです。

文化革命に成功したのは天皇の権威を借りたから

猪瀬　ふつうに考えると、戦国の下克上の時代から、持ち場・分相応の社会に転換するのは、かなり大きな文化革命です。それがどうして短期間でスムーズに移行できたのか。

磯田　やはり天皇の権威を借りたことが大きいでしょう。権威のもと、三代将軍の徳川家光から五代綱吉ぐらいまで、どんどん格式社会に移行していったのです。

猪瀬　浅野内匠頭にしても、朝廷から来る人を迎える役（勅使接待役）だったんだから、やはり朝廷にたいへんな権威があったということです。

磯田　そう、権威に従わせるようにするのです。そして、「畳の間は何畳目まで進む」といった作法を整えていく。

猪瀬　行儀作法の極致みたいなものが、階層秩序を成り立たせていく。

磯田　日本人はマニュアル好きな国民で、つぎつぎと複雑なマニュアルや型を文章化していくのです。お侍さんの勤務マニュアルも、しょっちゅう出しています。

猪瀬　そうやって細かく細かく規定をつくっていって、権威の階梯《かいてい》をたくさんつくる。

磯田　それを少しずつでも登れるようにする。お茶やお花の免状と一緒です。少しずつ段階が上がっていって、免許皆伝になると弟子を取って教えられるようになる。そうすると自分のところにも、なにがしかの見返りが入るようになる。これはおもしろい仕組みです。

猪瀬　明治維新で太政官制度という律令制度の官職を復活させて、「参議」などの名称が使われるようになります。いわば、江戸時代の権威主義を、天皇の名の下につくり直そうというもので、そのあたりの構造は基本的に変わっていない。近代天皇制にして、薩長の武士たちが正三位など、いろいろな官位をつけてもらって権威づけする。

磯田　上位権力による認定や承認欲求が、極めて強い国民性だともいえるでしょうね。大名にしても、将軍によって権威づけしてもらうと同時に、天皇からも官位をもらって承認してもらう。

猪瀬　幕府の役人は実質的な領地を持たず、サラリーマン化していた。そう考えると明治維新は、ブルジョワ革命（市民革命）ではありえません。たとえば、越後屋のような大商人たちが権力を取ったというなら、ブルジョワ革命ですが。

磯田　イギリスのブルジョワ革命は、ブルジョワジーが権力を握っていくというかたちですが、日本の場合は明治維新で、下級武士が天下を取ったわけですから、まったく違います。その意味では江戸時代の権威主義のまま、下級武士がその権威を奪い取り、太政官制度に基づく役職をたくさんつくった。それが、前に出てきたような大蔵事務官と主計局主計官補佐、文部教官と助教授といった律令的な官と職の二重性として残っているのです。藩閥政府の元下級武士が、片方で参議を名乗り、片方で首相という肩書きを持つ。そういうところは、基本的に変わっていない。だから精神的な革命は起きていないといえるかもしれません。

猪瀬　しかし、そのことが、逆に日本の近代の発展の礎になったのかもしれません。つまり日本は近代以前に、充分すぎるほどの機会主義的思考をも身につけていた。だから、ある意味では急に西洋から近代的な制度や文物が入ってきても、無理な精神的革命を必要としなかった。江戸時代からの精神風土を維持したまま対応することができた。よく日本は現場が強くて、指揮官クラスがダメだといわれますが、それは現場クラスの庶民が、すでに江戸期からの功利主義的思考や教育水準の高さを享受していたからなのでしょう。

日本の場合、階級闘争は「身分間」には存在しない

磯田　江戸時代が武士、農民、商人といったピラミッド構造で、上下関係にあったとしたら、明治維新は起こらなかったと私は思うのです。格差がどのように分布しているのかを調

査したことがあります。いちばんはっきりするのは平均寿命を出すことですが、全部の身分に関して調べることは難しい。そこで武士なら上級武士と下級武士、町人なら豪商とただの庶民、農民なら庄屋や地主と小作人に分けて、彼らの結婚年齢を調べました。すると上級武士は皆、二十四、五歳と若いうちに結婚し、下級武士の結婚は三十歳近い。この関係が、すべての身分のなかで見られたのです。

猪瀬　経済力のある人ほど、早く結婚している。

磯田　生活状態がいい人ほど早く結婚して、たくさん子供をつくって、子孫を残している。もし本当に身分社会なら、武士がいちばん早く結婚して子供も産んで、町人になるほど遅い結婚になるはずです。下の階級の人は、結婚生活も悲惨で、子供もたくさんつくれない。ところが実際は、自分の属する身分のなかで上位にいるか、いないかで決まる。

だから当時の人たちの人生や暮らしぶりは、武士に生まれるか、町人に生まれるか、農民に生まれるかで決まるのではない、ともいえます。武士なら武士のどの階層に生まれるか、町人なら町人のどの階層、農民なら農民のどの階層に生まれるかで決まるのです。

つまり日本の場合、階級闘争というのは、身分間には存在しない。闘争のタネは、同一身分のなかにこそあるのです。いわば武士、町人、農民は横に並んでいる存在で、そのなかに格式の序列があって、みんなが競争をしている。

猪瀬　ヨーロッパの階級社会と違い、それぞれの身分のなかに階級がつくられている。

磯田　ヨーロッパの社会は、貴族なら皆シャトーを持っていますが、庶民はかなり慎ましい生活を送っていたりする。本当に差が大きい。日本ではそれを横倒しにして、同じ身分のなかでやりあっている。いまも会社でちょっとした出世を巡って競争していたりする。そういう意識や構造を持っていることを、われわれは自己認識したほうがいい気がします。

猪瀬　明治維新が本当に革命だったら、いま磯田さんがおっしゃったような部分が変わったはずです。たとえば上級武士と下級武士の暮らしぶりが入れ替わるとか、武士と町人の暮らしが劇的に変わるなどといったことも起きたでしょう。

しかし、維新の変化はそれまでの価値観をすべてひっくり返すものではなかった。そして王政復古と呼ばれる近代天皇制が生まれます。

薩摩・長州の下級武士や岩倉具視《ともみ》など下級公家による政権は藩閥政治と呼ばれたが、やがて大正時代になり、政党政治が出てきます。政友会（立憲政友会）は統治官僚の利益代表者で、遅れてきたブルジョワジーの代弁者が民政党（立憲民政党）になった。ブルジョワジーはたしかに政党にお金を出して政治を動かそうとはしますが、最終的には岸信介のような統治官僚が、国家社会主義をつくっていくようになります。関東軍など、満洲で「財閥入るべからず」と嘯《うそぶ》いていたほどです。

結局、日本ではブルジョワジーが政権を取るといった、絵に描いたような「ブルジョワ革命」は起こりようがなかった。

磯田　戦後も、極めて高い累進課税を行なってきましたからね。これだけ長く銭の社会が続いてきたのに、日本的な特殊事情で、ブルジョワジーが自由に動き回ることを何らかの力で抑えてきたのかもしれません。

猪瀬　大正時代には、西武の堤康次郎や東急の五島慶太が、三井・三菱・住友などの財閥に対して、新興ブルジョワジーとして勃興します。彼ら新興ブルジョワジーが、欲望をどんどん表現して進軍していくのですが、それが新しい社会を築くという国家ビジョンにまでは到達しなかった。

磯田　堤康次郎も五島慶太もお金を持っていたし、勢いもあったのに、当時は必ずしも尊敬されなかった。戦前に尊敬されていたのは、やはり軍人なり官僚・博士・大臣・大将という、江戸時代的な官尊の規範が続いたわけです。

猪瀬　明治維新においても、秀吉が権威としての関白を欲しがったような序列を重んじる秩序をつくりました。けっして進化しているわけじゃない。

江戸には労働移動や職業選択の自由があった

猪瀬　本書で見てきたように、かつて日本の古代には律令制が布かれ、タテマエの部分では「公」というものが成立していた。しかし、「出挙《すいこ》」のあり方など徴税の仕組みが示すように、実態としては行政の能力が伴っていない部分も多かった。そしてその律令制という大陸からの借り物の間に合わせのシステムが崩れて、武士が力をつけていく。鎌倉時代は朝廷と鎌倉幕府との二重権力状態が続き、室町幕府は統治自体がグダグダになっていく。そのなかで、力の強い豪族がいて、幕府や天皇という最高位はあれども、基本的には実力や武力で奪い取っていく戦国時代になっていく。そこに信長、秀吉、家康という天下人が現われ、戦国時代が終わっていく。

近世と中世が大きく違うのは、「公」意識の有無ですよね。天下人によって「新しい公」が形成されたといっていい。そしてその「新しい公」がそのまま明治に流れ込んでいく感じがします。

磯田　中世までは、領民たちは領主の所有物に近いものでした。たとえば、中世の領主がまとまった金がいるときに、極端な話、領民を家屋ごと売ってしまうこともできました。金ができたら、領民をどこかから買い戻せばいい、というぐらいの考えです。それが江戸時代には「ご公儀の田畑を預かる御百姓」という地位を領民たちに与えることになります。

猪瀬　「宗教卓越国家」から「経済卓越国家」への移行という問題意識も、本書で繰り返し語られました。それまであった宗教的な権力構造が戦国期を通して解体されていき、そのうえで、土地を耕し、経済活動を行なうことによって未来へ安定した生活を築いていくことができるという思想を、徳川幕府がつくったということになる。そもそも、江戸社会が生まれる背景には、中世の克服があったわけです。

江戸開府が一六〇三年、その約一〇年後に、大坂冬の陣が終わって、たくさんの浪人が就職口を求め江戸に集まってくる。そのため江戸では公共事業を提供する必要が生まれ、人材周旋業である口入れ屋なども活況を呈する。そして、歌舞伎で有名な幡随院《ばんずいいん》長兵衛なども出てくる。

磯田　町人身分の遊侠の徒、町奴ですよね。口入れ屋は、労働市場がなければ生まれません。江戸時代、農民は土地に縛りつけられていたというイメージがありますが、実際には、同時代の世界のどこよりも、江戸には労働移動や職業選択の自由がありました。本書で見てきたように、計算能力などを買われて勘定奉行所などに入れば、実力主義の下、農民の子でもスピード出世が可能でした。財政運営が世襲制だったら、江戸幕府は続かなかったでしょう。勘定方の役人に、町民だろうが農民だろうが、頭のいい人を登用するというシステムで機構に風穴を開けたため、江戸幕府は崩れなかった。

二宮金次郎の経済哲学のおかげで日本は経済大国になった

猪瀬　そのような能力主義は、本当に興味深いものです。本書で何度も二宮金次郎について言及しましたが、彼も農民でしたが小田原藩に取り立てられたわけです。

そもそも二宮金次郎が少年時代に薪を売りさばいたのも、石炭や石油がない江戸の社会で、エネルギービジネスに従事していたということです。金次郎少年が薪を担ぎながら読んでいたのは実際には漢文の四書五経ですが、同時に、薪をどこで売ればいいのか、最近何が売れているのかという市場の「情報」を重視した姿の象徴でもあった。

磯田　江戸は高い労働生産性を実現できた社会でした。その前提には、識字率の高さがあります。幕末時点での識字率の国際比較を行なってみると、八割～九割の識字率があったのはイギリス、ドイツ、フランス、北欧。日本の識字率は、成人男女で四割程度だと考えられます。しかし、地域差があって、都に近い滋賀県では男女合わせて六割以上あったようです。

猪瀬　それを支えたのが寺子屋ですね。「読み書き算盤」ですから、文字のみならず、算術ができるかどうかも重要です。

磯田　日本の場合、学問が職業に直結していました。職人の子は、いい職人になるために「番匠往来」や「大工往来」を読むし、商人の子は「商売往来」を読み、農民の子は「農業往来」を読む。中国や朝鮮では、エリートが「科挙」という役人になる試験のために恐ろしく勉強しますが、日本ではエリート階層以外の人びとも、それぞれ職業人になるための実学に励んだため、高い生産性につながった。

江戸は、高度な分業や相場の先物取引などは、ヨーロッパより進んでいるくらいでした。職業分類項目が多いほど高度に発達した経済社会だと考えられますが、その点、江戸時代はすごい。耳かきを専門にする女性がいたり、たばこを刻むだけの仕事もある。

驚いたのは、輪島塗などの漆器に使う細筆に、一ミリ幅のところに何本も金箔の線を引けるものがあるのです。その筆をつくるためには、まず、琵琶湖を走る穀物船に棲みついているネズミを捕まえる専門職があるのです。いちばん毛が擦《す》れていないからですが、さらに捕まえたネズミの、傷ついていない腋《わき》の下の毛のみ選《よ》る人がいて、撚《よ》って根朱《ねじ》筆をつくる職人がいる。そうしてつくられた高性能の筆で、蒔絵《まきえ》職人が金箔蒔絵の漆器をつくるのです。江戸とは、農業社会においてそういう分業が、人類史上、最も精密に発達した社会でした。

猪瀬　労働市場があって、ひと口に農民といっても、農作だけやっているわけではない。鍛冶屋もいれば、鋳掛け屋も油屋もいて、それぞれが中小企業の経営者のようなものだった。生活が潤った人のなかから金融業を行なう人も出てきて、法的な金利の制限はあったものの、高利を貪るヤミ金融も横行していた。そのなかで、二宮金次郎はファンドの仕組みをつくり、金融業で人助けをしたわけです。

磯田　金次郎は、小田原藩などの財政再建を行なうにあたり、実質的に複式簿記といえる会計を行なっていますからね。金次郎は自分の田畑は人に任せ、奥さんを留守居させて小田原藩のご家老の家に五年間住み込むのですが、まず屋敷の屋根や壁の面積を計算して、何年で劣化して修繕にいくらかかるか、農具やほうき一本まで、どれだけ使うかを計算します。時間軸に対して、資本がどのようにすり減っていくかを計算して、支出予定をつくるのです。つまり、減価償却です。

猪瀬　「分度」の発想も、そのような思想から出てくる。

磯田　ところが、金次郎が五年間家老の家に住み込んで改革を手伝ったことで、妻に逃げられてしまいます。そのとき金次郎は、家を出た後の妻の暮らしを考えて、機織りの道具を与え、織物を織って当座の資金をつくるようにいったそうです。人間は智恵と労働の努力があればやっていける、自分の手足で生きていく覚悟を持て、というのが金次郎の揺るがぬ思想です。

また金次郎は、儲けたら人に譲る「譲」の思想も伝えています。世界を一つのたらいだと考えれば、丸いたらいに張った水を、自分のところに集めようと手前に掻《か》いても、水は向こう側に流れていってしまう。逆に向こうへ水を押しやると、その流れは手前に戻ってくる。回り回って自分の利益になるのです。

世界経済もグローバル化で一つになる方向性になったわけですが、これほど一つになっている時代には、自国だけ良くしようという考えは、ひょっとすると成り立たず、大きく間違うかもしれません。

金次郎は持続可能な経済を志向しました。労働と智恵で稼ぐ。多く稼いだ人は譲る。それが人間の使命だという思想を、高く掲げました。私は、日本がここまで世界と伍してこられた根本に、そうした思想があると思っています。

猪瀬　思想であり、哲学ですね。哲学というのは思いつきではない。生涯一貫しているものをいうと思うのです。金次郎ファンドは関東一円に広がって、産業再生機構のように行政改革を行なっていきます。その経済哲学は三河へも伝わり、豊田佐吉にも届く。トヨタのカイゼンのもとは、コストカットしたうえで、その余剰分を新たな投資にあてるという二宮金次郎の哲学なのです。

その意味では、日本人は明治維新の前にも近代的な要素を持っていたといえる。

官僚制の宿痾を打ち破る日本的方法

猪瀬　一方で、古代から明治維新の後まで一貫して、実態があいまいな天皇という権威をいただくことで一定の秩序を維持してきた。勢力の均衡を保っていた。そして同じ身分のなかでの熾烈な競争を繰り返し、江戸時代のサラリーマン武士たちがつくった組織風土をしっかり護持し続けた。

磯田　良く悪くも、日本は官僚機構が整っているのです。さかのぼれば、豊臣秀吉の時代の石田三成がすごかった。なにせ国内から四八万人を動員して、朝鮮を攻めようとしたのですから。実際に渡海させた人員は一五万近く。当時の日本の人口は一二〇〇万人～一五〇〇万人ですが、女性がその半分、さらにその半分が子供ですから、つまり三〇〇万人しか成人男性がいなかった計算になります。五〇万人を動員するということは、成人男性の六人に一人を動かそうとしたことになります。

ちなみに、日清戦争の動員は約二四万人です。明治国家に対して、桃山時代は人口が三分の一以下ですから、いかに三成のロジスティクス能力が凄まじかったかということです。

そこでできあがった仕組みが、江戸時代の各藩の核になっています。そして平和な時代に、稟議《りんぎ》制という名の「たらい回し」の組織になった。

たぶん日本の企業の発想の行き詰まりの一因は、江戸時代の武士組織を踏襲しすぎていることにある。組織に長くいる人間が高い権限や地位を与えられやすい。副業・兼業にも規制が大きい。組織に必要以上に忠誠心を求めることも武士社会的です。セクショナリズムにもなりやすい。その手かせ足かせを外してやることが、今後の日本には必要なのではないかと思います。

猪瀬　日本の官僚機構は、とにかく決裁が遅いですからね。

磯田　責任の分散をするのです。月番制にして、老中も回り番にするくらいですから。そうでない行政をしたのは熊本藩です。通常、江戸時代の決定者は家老か老中なのですが、熊本藩では奉行が一人で決めてよかった。ただし役割が細分化されていました。たとえば他の藩では、代官所や奉行所で裁判をしますが、熊本藩は公事方という裁判専門の組織を持っていました。その分、手が空く奉行は、殖産興業政策に取り組むことができた。有名な通潤橋《つうじゅんきょう》のような水道橋を造ったり、用水路をつくったり、産業資金を貸しつけたり。これが成功して豊かな藩になりました。明治維新で勝った側は、熊本藩のスピードの速い行政システムを学んだところが多い。

猪瀬　しかし、明治政府は藩閥政府といわれますが、実務の実質的なところは、江戸幕府の官僚がそのまま採用されて担うケースも多かった。その名残が、いまも残る「たらい回し体制」かもしれません。

磯田　ルーティンワークを運ぶうえでは官僚制度は機能しますからね。

ところが、その江戸幕府でも、黒船がやってくるようになると「海軍をつくれ」ということになる。こういう組織構造を根本から変える仕事は、官僚制には向きません。

こういうときに有効なのは、新組織を縁側のように旧組織に付け足す方法です。旧式の武者行列の軍隊の横に、新式の洋式軍隊を小さくつくる。そして、洋式軍隊がうまくいきそうだったら、大きくしていく。刷新よりも同調が得意な日本人の場合、小さく新規に第二部署をつくってそれを育てるようなやり方が、改革の第一歩になるかもしれません。「新事業子会社」方式です。同じものを二つ持つことになりますから、コストはかかりますけれども。

個々人が自分の「史観」を持たねばならない時代

猪瀬　日本は組織構造にしても、日本の風土のなかで、そのようにさまざまな経験を積み重ねてきたということですね。

逆にいえば、日本が近代で強みを見せて、明治にも昭和の戦後にもあれほどの急成長を遂げたのは、それまで慣れ親しんだ精神風土のまま、大きなギャップを感じずに生きてこられたからかもしれません。そして第二次世界大戦で日本があれほどの敗北を喫してしまったのも、軍隊や官僚組織に、江戸時代に由来する組織風土のマイナスの部分が蔓延していたからといえるかもしれない。

いまある「日本近代」はどのようにして形成されたのか、その起源をはるか時代をさかのぼって辿ってみることによって、「現代」を再構築できればと思います。

その意味で、明治維新で何が変わったのかということを、さかのぼって見直す、そういう問題提起が今回の対談でした。

万世一系をレーゾンデートルとする天皇の権威とは何か、という疑問はなおも残り続けますね。

磯田　こうして歴史的に見ると、日本の風土にはメリットとデメリットがある。それをきちんとみつめて、まじめに処方箋を書こうと考える。それが本当の日本人の教養というものであろうと思います。

こういう対談を読んで下さる方の存在は大切で、危機になると、そういう頭脳が現われて、この国を変えてきたのも事実です。これからの世界を生きるには、個々人が自分の「史観」を持たなくてはならない。それには教科書では足りない。いまの世の仕組みが、なぜ、そうなっているかを考える通史の史観が必要です。

この対談がその入口になることを願います。

対談後に付け加えるひと言――猪瀬直樹

日本人は権威と権力を使い分けてきた。

徳川家は武威により天下を支配したが、天皇から征夷大将軍の称号をもらうなど権威づけを求めた。権威と権力というダブルスタンダードの制度は中世以来、長い年月の間に練り上げられてきたことになる。

時は明治維新から約半世紀後、明治四十五年（一九一二）七月、明治天皇が崩御、二カ月後、明治天皇の大喪の礼が執り行なわれた大正元年九月十三日、陸軍大将の乃木希典・静子夫妻が殉死する。その日のエピソードをかつて『天皇の影法師』に書いたことがあるので、かいつまんでここに記しておきたい。

志賀直哉は乃木殉死の感想を日記にこう書きとめている。

〈乃木さんが自殺したというのを英子からきいた時、馬鹿な奴だという気が、丁度下女かなにかが無考えに何かした時感ずる心持と同じような感じ方で感じられた〉

こうした感想は皮肉まじりでたんたんとしているので志賀直哉らしいのだが、だからといってユニークなものとみることはできない。乃木殉死当日のおおかたの感じとり方というものが、今日ではやや意外に思われるかもしれないが、むしろ志賀に代表されていた。

生方敏郎の『明治大正見聞史』（中公文庫）は、生方自身が居合わせたその日のある新聞社内の混乱をドキュメントタッチで生き生きと描いている。

〈「乃木大将は馬鹿だな」

と大声で、若い植字工が叫んだ。あまりにも突然なのでこれはちょっと意外だったが、すぐその後から夕刊編集主任のM君が、

「本当に馬鹿じゃわい。何も今夜あたり死なないったって、他の晩にしてくれりゃいいんだ。今夜は記事が十二頁にしても這入《はい》りきれないほどあり余っとるんじゃ」

といかにも残念そうに言った。外交部長のK君も、

「惜しいなあ。もっと種のないときに死んでくれりゃ、全く吾われはどの位助かるか知れないんだ。無駄なことをしたもんだな」（略）

「ああ、いやだいやだ、いやだよいやだよ乃木さんは嫌だ。新聞記者泣かせの自殺なんかし

て、ナンテマガイインデショウ」

と変な声を出して、酔いどれ記者のBは歌った。一昨年頃から流行っていた流行唄《はやりうた》の節で、彼は床へ新聞を敷いて、足を伸ばしてそれを手でたたいていた〉

新聞社内は乃木を非難する声でいっぱいだった。フロックコートを着た紳士然とした主筆が「あのような現代の偉人に対してふまじめすぎる」と咎めたが、主筆がいなくなると「偽善者め」という声が出る。つづいて社長が現われ「乃木が死んだってのう、馬鹿な奴だなあ」。社長が去ると「さすが社長は偉いぞ」と叫ぶ者がいて、「社長万歳」まで飛び出すざわついた雰囲気になるのであった。

だが生方は翌日の朝刊を見て唖然とした。破天荒な大見出しで「軍神乃木将軍自殺す」を報じている。

〈誠忠無二の軍神乃木大将、すべての記事の文字は一頁より八頁まで、どこまで行っても常にこのような尊敬を極めた美しい言葉を以って綴られてあった。それは他のどの新聞を見ても同様だった。私はただ唖然として、新聞を下に置いた。昨夜乃木将軍を馬鹿だと言った社長のもとに極力罵倒した編集記者らの筆に依って起草され、職工殺しだと言った職工たちに

活字に組まれ、とても助からないとこぼした校正係に依って校正され、そして出来上がったところは『噫《ああ》軍神乃木将軍』である〉

さんざん茶化したり馬鹿にしたりしておいて、紙面はそれとは裏腹につくられた。タテマエでは乃木大将は軍神として崇めなければいけない存在、ホンネには平常な日常を脅かす狂気に対する違和感があった。

志賀直哉にとっても、大半の人びとにとっても、乃木希典の殉死は唐突感があったと思われる。「近代」という時代を迎えて久しいのである。議会もあり、株式会社もあり、新聞もあり、鉄道も走っている。そこに封建時代を思い出させる殉死だから、いまさら時代錯誤ではないかとふつうの感覚ではそう受け止めるだろう。

江戸時代の赤穂事件は、主君への忠誠心を示すために仇討ちというかたちでの他者へのテロ行為だが、殉死は、主君への忠誠の表現であってもテロ行為は自らへ向かう。

乃木の自決に衝撃をうけた森鷗外は、五日後に短篇小説『興津弥五右衛門の遺書』を脱稿している。江戸時代の武士道、主君のために命を捨てるという「武士の一分」とはどういうものだろうかと考えを巡らすためであった。

『興津弥五右衛門の遺書』は、題名のとおり、なぜ自分が切腹することになったのかという仔細を書き綴った遺書の形式になっている。

相役横田清兵衛と興津の二人は主君の命令で長崎に出張して「珍しき品買ひ求め」に行く。目的地で興津は横田といい争いになり、刀を抜いて討ち殺してしまう。原因は些細なことだった。主君がお茶をわかすときにくべる香木を買おうとしたら、他と競《せ》り合いになった。香木は本木《もとき》と末木《うらき》の二つあって、大金を投じて本木のほうを落札しようと興津は考えた。が、横田はそんなことに大金を投じるのは馬鹿らしい、という。「一国一城を取るか遣るかと申す場合ならば」必死でねばるけれど、「高が四畳半の炉にくべらるる木の切れならずや」と横田がいう。興津はそうでない、「茶儀は無用の虚礼なりと申さば、国家の大礼、先祖の祭祀《さいし》も総《すべ》て虚礼なるべし」「主命たる以上は、人倫の道に悖《もと》り候事は格別、其事柄に立入り候批判がましき儀は無用なり」と主張した。

横田はふつうの日常性の合理主義でものごとを考えるが、興津にはそれが武士の一分に反する、ただ反するだけでなく不忠であると受け止められたのである。もうひとつ、「国家の大礼、先祖の祭祀も総て虚礼」と言い切っている。しかし、その虚礼を否定したら総てが成り立たなくなる、のである。権威は、虚礼のなかに存在する。

森鷗外は、乃木の殉死を、興津弥五右衛門のテロ行為と同じカテゴリに入れてみるという思考実験をしてみたのである。そこで、はたと自分と彼らは違うのか同じなのか、という問いにぶつかる。

その問いは、乃木殉死の前からつづいていた。『中央公論』(明治四十五年一月号)に『かのやうに』を書いた。

ドイツに留学して帰国した主人公の五条秀麿は、森鷗外の分身とみたらよい。留学先で歴史を専攻して、帰国後は歴史家を志す。

「本国の歴史を書くことは、どうも神話と歴史との限界をはっきりさせずには手が著《つ》けられない」と思っている。

父親である五条子爵は必ずしも頑固な国家主義者でもなく、また古風な神道家でもない。むしろ常識的な政治家として描かれている。ただ息子に対しては、神話と歴史を結合して国民の信仰を崩さないことを望んでいる。いっぽう秀麿は、神話が歴史でないということを言明することなしには、科学的な歴史の研究は不可能であると感じて、この間のジレンマに懊悩するのである。

洋行帰りの息子は思う。

「まさかお父う様だつて、草昧《さうまい》の世に一国民の造つた神話を、その儘《まま》歴史だと信じてはゐられまいが、うかと神話が歴史でないと云ふことを言明しては、人生の重大な物の一角が崩れ始めて、船底の穴から水の這入《はい》るやうに物質的思想が這入つて来て、船を沈没させずには置かないと思つてゐられるのではあるまいか」

医学という科学を専攻した森鷗外は、欧州の歴史学が厳密な実証的な裏付けによるものであると知っている。自身が「万世一系」は神話だと思っている。初期のころの天皇の存在は史料的に立証できないからである。

神話と歴史、信仰と認識を峻別したうえで、なおかつそれを結合する倫理基盤を築くことは可能か、という問いの前で、仮の答えを置くしかない、と主人公にいわせる。

「祖先の霊があるかのやうに背後《うしろ》を顧みて、祖先崇拝をして、義務があるかのやうに、徳義の道を踏んで、前途に光明を見て進んで行く。……どうしても、かのやうにを尊敬する、僕の立場より外に、立場はない」

煮え切らない態度の秀麿は、友人の綾小路から、それでよいのか、「八方塞がりになつたら、突貫して行く積りで、なぜ遣らない」と問い詰められるが、友人も他に答えを見出せないとわかっている。「山の手の日曜日の寂しさ」のなかで、二人は「目と目を見合はせて、やや久しく黙つてゐる」ところで筆は擱《お》かれた。

鷗外は「かのやうに」振る舞うことで、当座の心理的な安全弁を工夫した。だが彼のかかえた相剋は解決されるものではなかった。

権威の根拠はあいまいでも、権威はなくてはならない。「国家の大礼、先祖の祭祀も総て虚礼なるべし」ならば、権威とは蓋を開けてはならない、優美な意匠を凝らした漆塗りの玉手箱のようなものとするほかはない。タマネギを剝いて芯はあるのか、と問うても意味はないように。

江戸幕府を創始した徳川家康も「かのやうに」を演じてきたことは、磯田さんが披瀝した「金と鉄」のエピソードに現われている。近世までの歴史は、権威と権力の二本立てで成り立ってきた。「かのやうに」は近代の森鷗外一人の心境ではなかったのだ。いや現代の日本人も、アメリカなどからみると平和憲法を楯にホンネとタテマエを使い分けるダブルスタンダードの習熟者に見えているに違いない。

おわりに――「通史的思考」をなさねば変化のなかを生きてゆけない

磯田道史

歴史でいちばん大切なのは「通史」である。

しかし、歴史学者の専門も、教科書の単元も、時代ごとにブツ切りにされている。今日は江戸時代、明日は明治時代というふうに歴史は教えられる。通史は教えられない。

これほど誤ったことはない。歴史は生き物である。ブツ切りにしてしまっては、死んだ歴史しか理解できない。歴史用語集の単語を憶える暗記物になって、活きた歴史にならないから、人生や実生活に役立たないものになる。

活きた歴史は、そんなものではない。いま眼前にある制度や風景が、なぜ、そうなっているのか。一〇〇年、いや一〇〇〇年以上さかのぼって、その歴史的理由を考えるものである。

しかし、日本人はこの歴史的思考に弱かった。唯一、例外であったのは、江戸後期の史家・頼山陽である。

彼は『通議』という驚くべき通史の政論書をのこしている。日本の税制はどのように推移してきたのか。軍制はどうか。日本の給与制度はどう変化してきたのか。こうしたことを、つぎつぎに論じている。

日本史上、奇跡の著作といってよい。

時の「勢」のなかで、力のつりあいが変わり、世の中の構造「機」が生じる。これをとらえた者が、「権」を新たにつくる。頼山陽はその有様を、通史で叙述した。

いま、読者諸氏に申しあげたい。日本が変化しないときは、時代ごとの死んだ歴史を読んでいても命に別状はない。だが、いま日本人は、これまでの構造が一夜にして変わってしまう世の中に生きている。このようなときは、「通史的思考」をなさねば変化のなかを生きてはゆけない。

本書では対談という形式ではあるが、日本社会が「なぜ」こうなっているのかの歴史的経緯を徹底して論じた。働くうえでも、教えるうえでも、人と接するうえでも、投票するうえでも、日本の現状ができるまでの「なぜ」を凝縮して語り尽くした本書が役に立つことを願ってやまない。

PHP新書
PHP INTERFACE
https://www.php.co.jp/

猪瀬直樹［いのせ・なおき］

作家。1946年、長野県生まれ。87年『ミカドの肖像』で第18回大宅壮一ノンフィクション賞受賞。2002年6月、道路公団民営化委員に就任。07年6月、東京都副知事、12年12月東京都知事に就任。13年12月、辞任。現在、日本文明研究所所長、大阪府市特別顧問。近著に、『国民国家のリアリズム』(三浦瑠麗氏との共著)、『東京の敵』(以上、角川新書)など。

磯田道史［いそだ・みちふみ］

1970年、岡山県生まれ。慶應義塾大学大学院文学研究科博士課程修了。博士(史学)。茨城大学准教授、静岡文化芸術大学教授などを経て、2016年より国際日本文化研究センター准教授。近著に、『日本史の内幕』(中公新書)、『「司馬遼太郎」で学ぶ日本史』(NHK出版新書)など。

明治維新で変わらなかった日本の核心

(PHP新書 1121)

二〇一七年十一月二十九日　第一版第一刷

著者——猪瀬直樹／磯田道史
発行者——後藤淳一
発行所——株式会社PHP研究所
東京本部——〒135-8137 江東区豊洲5-6-52
第一制作部 ☎03-3520-9615(編集)
普及部 ☎03-3520-9630(販売)
京都本部——〒601-8411 京都市南区西九条北ノ内町11
組版——有限会社メディアネット
装幀者——芦澤泰偉＋児崎雅淑
印刷所
製本所——図書印刷株式会社

ISBN978-4-569-83710-9

ＰＨＰ新書刊行にあたって

「繁栄を通じて平和と幸福を」（PEACE and HAPPINESS through PROSPERITY）の願いのもと、ＰＨＰ研究所が創設されて今年で五十周年を迎えます。その歩みは、日本人が先の戦争を乗り越え、並々ならぬ努力を続けて、今日の繁栄を築き上げてきた軌跡に重なります。

しかし、平和で豊かな生活を手にした現在、多くの日本人は、自分が何のために生きているのか、どのように生きていきたいのかを、見失いつつあるように思われます。そして、その間にも、日本国内や世界のみならず地球規模での大きな変化が日々生起し、解決すべき問題となって私たちのもとに押し寄せてきます。

このような時代に人生の確かな価値を見出し、生きる喜びに満ちあふれた社会を実現するために、いま何が求められているのでしょうか。それは、先達が培ってきた知恵を紡ぎ直すこと、その上で自分たち一人一人がおかれた現実と進むべき未来について丹念に考えていくこと以外にはありません。

その営みは、単なる知識に終わらない深い思索へ、そしてよく生きるための哲学への旅でもあります。弊所が創設五十周年を迎えましたのを機に、ＰＨＰ新書を創刊し、この新たな旅を読者と共に歩んでいきたいと思っています。多くの読者の共感と支援を心よりお願いいたします。

一九九六年十月

ＰＨＰ研究所